Diseño de bases de datos

Del análisis a la implementación

Descarga

Bases de datos

Mario Alcaide

ISBN: 978-2-409-05096-1
Edición original: 978-2-409-04401-4

Ediciones ENI

P° Ferrocarriles Catalanes, 97-117, 2a pl. of. 18
08940 - Cornellà de Llobregat (Barcelona)

Tel: 934 246 401
Fax: 934 231 576

e-mail: info@ediciones-eni.com
http://www.ediciones-eni.com

Autor: Mario Alcaide
Edición española: Angel Mª Sánchez Conejo
Colección **Recursos Informáticos** dirigida por Émilie Villetorte

Para poder acceder durante un año
a la versión online de este libro,
envíenos su justificante de compra a

librodigital@ediciones-eni.com

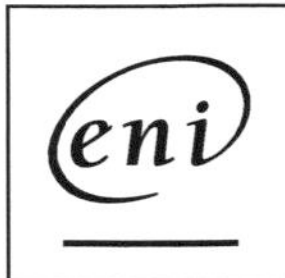

Contenido

Puede solicitar los archivos complementarios
de este libro escribiendo a **comercial@ediciones-eni.com**

Capítulo 2
Análisis de las necesidades

Capítulo 3
Modelado de datos

Capítulo 4
Normalización de datos

Capítulo 5
Crear la base de datos

Capítulo 6
Pruebas y validación

Prólogo

1. Introducción

Vamos a establecer las bases de conocimiento que servirán para construir el resto de los temas abordados en este libro.

En primer lugar, explicaremos el propósito de este libro y a quién va dirigido, lo que puede dar orientación sobre el método de lectura y estudio.

Mi objetivo al crear este libro es poder transmitir al lector mis conocimientos sobre diseño de bases de datos.

Mi experiencia de más de diez años en el sector de la informática como administrador de bases de datos primero y posteriormente como arquitecto de datos, me ha permitido adquirir una serie de conocimientos que pueden ser útiles a otros profesionales del sector.

Espero que disfrute leyendo este libro y que le sea útil para profundizar sus conocimientos sobre el diseño de bases de datos.

2. ¿A quién va dirigido este libro?

Este libro, que forma parte de la colección Recursos Informáticos, está dirigido a todos los profesionales que deseen diseñar una base de datos, pero que no tengan conocimientos técnicos avanzados.

Este libro no presupone ningún conocimiento técnico previo, por lo que puede ser útil para diferentes tipos de perfiles.

Estos son algunos ejemplos de los usuarios que se pueden beneficiar de este libro:

- Un desarrollador informático que está creando una aplicación y necesite una base de datos para almacenar los datos que contendrá esta aplicación.
- Un jefe de proyecto que necesite crear una base de datos como parte de un proyecto más grande, ya sea creando una nueva aplicación, integrando la aplicación creada por un editor externo o creando un almacén de datos.

Observación

Un almacén de datos es un tipo de base de datos que se especializa en almacenar grandes cantidades de datos. Veremos este punto con más detalle en el capítulo Introducción.

- Un estudiante de informática que es nuevo en el mundo de las bases de datos y quiere cubrir conceptos de la A a la Z.
- El propietario de una pequeña o mediana empresa, que, sin contar con un gran equipo de especialistas informáticos, si es que los hay, ha sido capaz de identificar la necesidad de crear una base de datos y mantenerla para almacenar la información de gestión de su empresa.
- Un docente que utiliza este material como apoyo formativo para un grupo de estudiantes, ya sea en el ámbito privado (formación interna para profesionales de la profesión informática) o en el contexto académico (material de apoyo para universidades).

3. Objetivos del libro

El objetivo de este libro es poder presentar los pasos de la creación de una base de datos de principio a fin, de forma didáctica e instructiva.

Se recomienda la lectura secuencial de este libro, ya que los pasos involucrados en el diseño de una base de datos se presentarán de manera ordenada y todos ellos son importantes para lograr un buen resultado. A lo largo de los diferentes capítulos se aportarán ejemplos que permitirán poner en práctica los diferentes conceptos tratados.

Suponemos que el lector de este libro tiene pocos conocimientos de bases de datos o incluso de informática en general por lo que, a pesar de que el tema que vamos a tratar a lo largo de este libro pueda parecer complejo, iremos avanzando paso a paso para que el aprendizaje se produzca de forma natural.

También recomendamos tratar de poner en práctica los conocimientos de cada capítulo. Se recomienda que se tome el tiempo para tratar de crear bases de datos y practicar los conceptos en paralelo con la lectura de este manuscrito.

Capítulo 1
Introducción

1. ¿Qué es una base de datos?

Vamos a introducir conceptos básicos, comenzando por explicar qué es una base de datos, cuáles son los diferentes tipos de bases de datos y sus características principales, así como las funciones de las personas que trabajan con las bases de datos.

Desde un punto de vista formal, una base de datos se puede definir en términos generales como un sistema informático, que almacena una gran cantidad de datos relacionados y estructurados.

Por lo tanto, aquí hay tres características importantes de una base de datos que debemos recordar:

- **Una gran cantidad de datos**: se crea una base de datos teniendo en cuenta la necesidad de almacenar una gran cantidad de información. Una base de datos pequeña puede contener cientos o miles de registros, mientras que para que una base de datos se considere grande, estaríamos hablando de cientos de miles o millones de registros.

El criterio sobre cómo de grande o pequeña es una base de datos es relativo, pero la idea es que una base de datos está diseñada para almacenar grandes cantidades de datos, lo hagamos o no. De la misma manera que un avión comercial de pasajeros fue diseñado para volar con un gran número de personas, aunque podría volar con menos pasajeros o con ninguno, solo afectaría a su eficiencia.

Observación

Un avión comercial de gran tamaño sería ineficiente para transportar un pequeño número de pasajeros. Los recursos consumidos serían mucho mayores que los que realmente necesitan los usuarios y el mismo número de personas se podría transportar con un avión más pequeño y barato. Lo mismo ocurre con las bases de datos.

- **Los datos están relacionados**: en una base de datos, los datos que introducimos deben tener coherencia en el contexto que creamos y un orden definido a la hora de diseñar la base de datos.

  Existen diferentes métodos para organizar los datos que veremos a lo largo de este libro, pero hay algunas reglas generales que se deben seguir para todas las bases de datos.

  Siguiendo con el ejemplo anterior del avión, necesitamos almacenar en él elementos o personas relacionadas entre sí. Por un lado, tenemos a los pasajeros y por otro lado la tripulación, que tiene una relación de servicio con los pasajeros. Por último, tenemos los asientos que se pueden asignar a los pasajeros, aunque puede haber asientos libres. Sin embargo, no hay pasajeros sin asiento. Este sería un claro ejemplo de la relación entre los datos de una base de datos.

- **Los datos están estructurados**: esta característica está directamente relacionada con los dos puntos anteriores. Necesitamos una estructura de datos para que los datos se puedan organizar correctamente, porque de lo contrario el tiempo que se tarda en encontrar esos datos que hemos introducido aumenta significativamente, lo que se traduce en una baja eficiencia.

En el ejemplo del avión, también tenemos que respetar una estructura: los asientos deben ir en grupos de tres y, en el centro de cada grupo de tres, hay un pasillo. Los pasajeros deberán entrar al avión uno a uno, cruzar el pasillo sin saltar sobre los asientos y ocupar el asiento que les corresponda. Este es un claro ejemplo de la estructura que buscamos representar en una base de datos.

Observación

Existen reglas específicas para estructurar nuestros datos y así mejorar su eficiencia; a este proceso se le llama normalización. En el capítulo Normalización de datos, discutiremos este tema con más detalle.

2. Tipos de bases de datos

Existen diferentes tipos de bases de datos que se adaptan a nuestras necesidades. Las bases de datos se pueden clasificar de diferentes maneras en función de sus características:

- bases de datos transaccionales,
- almacenes de datos (*Data Warehouses*),
- lagos de datos (*Data Lakes*),
- datamarts,
- bases de datos centralizadas,
- bases de datos distribuidas,
- bases de datos espaciales,
- bases de datos de investigación.

Esta lista no es exhaustiva y no sigue un orden particular en términos de clasificación. Simplemente sirve para proporcionar una visión general de los diferentes tipos de bases de datos que existen para que el lector pueda comprender mejor los conceptos que se presentarán a continuación.

2.1 Bases de datos transaccionales

Las bases de datos transaccionales son el tipo de base de datos que más se utiliza. Como su nombre indica, se basan en el uso de un gran número de transacciones.

Observación

Una transacción es una operación de base de datos o un conjunto de operaciones de base de datos, realizadas por el mismo usuario. Por ejemplo, un usuario que realiza una transferencia bancaria implica una transacción en la base de datos del banco, en la que se realiza una solicitud (SELECT), un cambio (UPDATE) y una llamada a un proceso externo para enviar el dinero a la cuenta bancaria de destino.

Podríamos decir que la principal característica de este tipo de bases de datos es que recibe una gran cantidad de transacciones. Es decir, existe un gran número de usuarios que realizan operaciones más o menos engorrosas en relación con el uso de la base de datos.

Las características de una base de datos transaccional son las siguientes:

- **Rendimiento orientado a muchas operaciones rápidas**: el objetivo es que las transacciones realizadas por los usuarios se completen lo más rápido posible. Normalmente, las bases de datos transaccionales deben ser capaces de realizar muchas operaciones a la vez.
- **Disponibilidad**: la base de datos debe estar disponible durante el mayor tiempo posible. El tiempo de actividad del 100% no es realista, pero cuanto más nos acerquemos a ese valor, mejor será nuestra base de datos en términos de disponibilidad.
- **Concurrencia**: el objetivo principal de este tipo de bases de datos, como su nombre indica, es permitir que se realicen un gran número de transacciones al mismo tiempo. Para lograrlo, es necesario optimizar el control de la concurrencia, es decir, garantizar que los diferentes usuarios que realizan operaciones en la base de datos al mismo tiempo, las puedan realizar de forma segura y eficiente.

2.2 Almacenes de datos (Data Warehouses)

Los almacenes de datos o *Data Warehouses*, son bases de datos considerablemente más grandes que las transaccionales. Su rendimiento es inferior al de una base de datos transaccional, pero el número de usuarios que la utilizan es mucho menor.

Por ejemplo, una base de datos de tipo almacén de datos, puede ser responsable de almacenar datos archivados de otra base de datos en producción. De esta manera, la base de datos principal solo almacenaría los datos del año en curso, mientras que el almacén de datos contendría datos de todos los años anteriores.

Las principales características de este tipo de bases de datos son las siguientes:

- **Gran volumen de datos**: los almacenes de datos, por definición, están diseñados para almacenar grandes cantidades de datos. A diferencia de las bases de datos transaccionales, los almacenes de datos no necesitan responder a un gran número de usuarios que realizan transacciones al mismo tiempo, por lo que el rendimiento no es una necesidad. Lo que sí es necesario, sin embargo, es que el almacén de datos contenga toda la información accesible.
- **Pocas operaciones lentas**: a diferencia de lo que hemos visto con las bases de datos transaccionales, en los almacenes de datos priorizamos la ejecución de menos operaciones pero que tardan mucho más tiempo en completarse. Los almacenes de datos están optimizados para responder a consultas que pueden tardar minutos o incluso horas en algunos casos, tiempos de respuesta que son completamente inaceptables para una base de datos transaccional que utiliza un sitio web, por ejemplo.

- **Los datos están ordenados**: al igual que ocurre con un almacén físico, un almacén de datos necesita que los datos se ordenen para poder acceder de forma eficiente a la información, según el uso que se quiera hacer de ella. El tipo de organización puede variar en función de la base de datos. Un tipo de agrupación podría ser almacenar información por año, mientras que una empresa de mensajería podría decidir agrupar su almacenamiento de datos por área de distribución. En cualquier caso, esta programación de datos requiere la configuración de un sistema adicional a la hora de configurar este almacén de datos, lo que no ocurre con nuestro siguiente tipo de base de datos, el lago de datos.
- **Los almacenes de datos suelen utilizar software con funcionalidad ETL para alimentarlos**. ETL significa en inglés *Extract, Transform and Load*, es decir, Extraer, Transformar y Cargar. Con este tipo de software, los datos se extraen de una fuente de datos (como una base de datos transaccional en producción), posteriormente se realizan una serie de transformaciones para almacenar los datos de acuerdo con las políticas de almacenamiento del almacén de datos (que pueden ser diferentes a las de su base de datos de origen), seguidas de una serie de transformaciones para adaptar los datos al almacén de datos (que puede estar estructurado de manera diferente a la base de datos de origen...).

2.3 Lagos de datos (Data Lakes)

El lago de datos es un tipo especial de almacén de datos, en el que los datos se almacenan de forma desordenada.

En un lago real se almacena una gran cantidad de agua. Esta agua se puede utilizar para diferentes fines: regar un campo, apagar incendios o como agua potable.

En el caso del lago de datos (*Data Lake*), sucede lo mismo. Los datos se almacenan de forma desordenada y el objetivo de estas bases de datos es almacenar la mayor cantidad de datos posible, de diferentes fuentes de datos, con el fin de utilizarlos en el futuro.

Las características de un lago de datos incluyen:

- **Volumen de datos mucho mayor que en un almacén de datos**: si el data warehouse ya era grande por sí solo un data lake es mucho más grande, porque su finalidad es precisamente almacenar la mayor cantidad de datos, sin preguntarnos si necesitamos transformarlos o si realmente se necesitarán estos datos.
- **Transacciones mucho más lentas**: siguiendo la misma lógica que en el almacén de datos, al tener un mayor número de datos y desordenados, la consulta sobre estos datos será más lenta. Cuantificar esta lentitud en unidades de tiempo depende mucho del volumen y del tipo de datos de la organización, pero a título indicativo, visualizar una factura en producción requeriría un máximo de unos segundos o minutos. En un almacén de datos, esta operación podría tardar treinta minutos o una hora mientras que en un lago de datos, la operación se consideraría válida si tarda tres o cuatro horas en completarse.
- **Los datos no están ordenados**: un lago de datos, por definición, almacena los datos a medida que llegan de su estructura de datos de origen, por lo que no están ordenados ni categorizados. Esto hace que la implementación sea mucho más fácil y garantiza que podremos tener datos históricos incluso si antes no pensábamos que los necesitaríamos.
- **Los lagos de datos tienden a utilizar software con funcionalidad ELT**: ELT, que significa en inglés *Extract, Load and Transform*, nos recuerda al ETL del que hablamos en el Data Warehouse. La diferencia es que, en el caso del lago de datos, extraemos los datos de una fuente de datos, los insertamos en la base de datos de la que estamos hablando y, posteriormente, los transformamos. Esta transformación podría consistir, por ejemplo, en adaptar los datos para alimentar diferentes almacenes de datos con fines estadísticos o cruzar datos entre diferentes fuentes.

2.4 Datamarts

Datamart es un tipo de base de datos que, desde un almacén o lago de datos, agrupa datos relacionados con un subconjunto específico desde un punto de vista funcional.

Por ejemplo, podríamos tener un almacén de datos donde guardamos información histórica de nuestra librería: el historial de compras y ventas de cada cliente, datos de facturación, información sobre los recursos humanos de la empresa e información sobre el hardware que posee la empresa (vehículos, edificios, mobiliario, etc.), no solo en la actualidad, sino también a lo largo del tiempo.

Un Datamart está orientado hacia una categoría de datos. Por ejemplo, podríamos crear un datamart orientado a recursos humanos, donde la información que se presenta esté orientada a la gestión de personal: cuál ha sido la evolución de cada empleado, su carrera, su fecha de inicio y fin del contrato, etc.

Teniendo en cuenta estos aspectos, el Datamart también se puede alimentar con datos de las facturas de venta del empleado vendedor o información sobre el hardware que el empleado ha utilizado en un momento dado.

En todos los casos, el objetivo es claramente filtrar y seleccionar los datos para entregarlos al personal responsable de realizar este análisis y proporcionar solo la información que sea de interés para su grupo.

Las principales características de un Datamart son:

- **Facilidad para el análisis de datos**: para que los datos se presenten de forma clara para un grupo funcional. Esto evita que el encargado de analizar los datos de la base de datos tenga a su disposición información que no es de su interés. Esto está directamente relacionado con el siguiente punto, la protección de datos.

- **Protección de datos**: un punto muy importante es que no todos los miembros del personal de la empresa tienen el mismo nivel de autorización. El personal de contabilidad puede necesitar acceder a los datos relacionados con las ventas de cada empleado, los costes inmobiliarios, así como los contratos con empresas externas. Sin embargo, no necesita tener acceso al historial personal de un empleado, que estaría reservado para el departamento de recursos humanos. El uso de un Datamart permitiría que el grupo funcional para el que creamos esta base de datos, acceda solo a los datos que le corresponden y a ningún otro.
- **Rendimiento**: al tratarse de una base de datos pequeña para un subconjunto de personas, el rendimiento cuando trabajamos con ella mejora, ya que el volumen de datos habrá disminuido.

2.5 Bases de datos centralizadas

Este tipo de base de datos se encuentra en un único servidor. Este es el tipo de base de datos más común y uno que usaremos a lo largo de la lectura de este libro.

La ventaja de una base de datos centralizada es precisamente la facilidad de su implementación. Solo necesitamos tener un servidor, crear nuestra base de datos en él y comenzar a usarla a través de nuestra aplicación.

Las desventajas se harán evidentes cuando la base de datos aumente significativamente de tamaño y ya no satisfaga las necesidades que requerimos inicialmente. Al utilizar un solo servidor, si queremos aumentar la velocidad de lectura y escritura de su procesador, memoria o disco, en algún momento el hardware nos impedirá seguir desarrollando o, simplemente, el precio será prohibitivo.

En el pasado, se utilizaban grandes servidores llamados Mainframes, que en algunos casos ocupaban habitaciones enteras. Hoy en día, todavía existen soluciones centralizadas para grandes organizaciones como Oracle Exadata, pero existen alternativas más baratas.

En cualquier caso, para la mayoría de las empresas y organizaciones que no necesitan una base de datos muy grande, una base de datos centralizada puede ser una solución aceptable.

2.6 Bases de datos distribuidas

Las bases de datos distribuidas ofrecen una alternativa a la vista clásica de las bases de datos centralizadas, aunque requieren un poco más de complejidad para su implementar.

El principio es simple, en lugar de tener un solo servidor que aloje nuestra grande y costosa base de datos, tendremos varios servidores más baratos y cada uno alojará una parte de nuestra base de datos.

A pesar de que el principio es sencillo la implementación de esta base de datos es más compleja, ya que requiere crear una lógica que siga este principio y tendremos varios servidores que gestionar, que tendrán que permanecer en comunicación entre sí en el momento estipulado para garantizar la consistencia en los datos.

Observación

La coherencia o consistencia de los datos es un concepto muy importante que merece ser destacado. Radica en el hecho de que los distintos usuarios que pueden utilizar la base de datos, deben ser capaces de asegurarse de que los datos que modifican permanecen en la base de datos y que existen los mecanismos necesarios para que sus modificaciones continúen. Además, los datos extraídos de la base de datos deben ser fiables y coherentes con el momento en que se accede a la información.

Las razones para implementar una base de datos distribuida pueden incluir:

- **Escalabilidad**: como se mencionó, cuesta menos comprar varios servidores baratos que un servidor muy grande, por lo que la escalabilidad es una ventaja significativa de este tipo de soluciones.
- **Tolerancia a fallos**: si tenemos una única base de datos centralizada, un fallo de la base de datos puede hacer que todo el sistema se bloquee. En el caso de un fallo de hardware, si tenemos que sustituir todo el servidor, puede suponer un coste importante. En el caso de una base de datos distribuida, si la implementación se ha realizado correctamente, una interrupción en uno de los servidores solo afectará a un subconjunto de usuarios o características que utilicen ese servidor, por lo que el impacto se reducirá. Además, en el caso de un fallo de hardware en uno de los servidores, siempre costará menos reemplazar uno de los servidores más pequeños que reemplazar el servidor grande utilizado por la base de datos centralizada.
- **Rendimiento**: una base de datos distribuida puede ser más rápida que una base de datos centralizada en modo lectura, ya que se puede configurar la paralelización, lo que permite que diferentes usuarios accedan a varios servidores al mismo tiempo y, por lo tanto, reduzca el cuello de botella. Sin embargo, esto trae consigo nuevos desafíos en comparación con una base de datos centralizada, comenzando por el hecho de que los diferentes servidores de bases de datos deben estar sincronizados entre sí, lo que implica una latencia, especialmente durante la escritura de datos.
- **Distribución geográfica**: en el caso de que los usuarios se conecten a nuestra base de datos desde varias ubicaciones, puede ser necesario distribuir nuestra base de datos para evitar largos tiempos de conexión a través de la red. Por ejemplo, cuando buscamos a través de Google, es probable que la base de datos que se utilizará para obtener el resultado esté geográficamente cerca de nuestra ubicación. Google no visitará un servidor en los Estados Unidos si estamos en España.

2.7 Bases de datos espaciales

Mención especial a las bases de datos espaciales, que presentan un método diferente de trabajo con un tipo de datos muy concreto.

Sin entrar en detalles, ya que no es el tema de este libro, las bases de datos espaciales están especializadas en la gestión de objetos vectoriales, como las coordenadas de un punto, una zona geográfica o el contorno de una población.

Las bases de datos espaciales son muy útiles para casos especiales, como el cálculo de rutas o la representación geográfica para cartografiar una ciudad.

2.8 Bases de datos de búsqueda

Las bases de datos de búsqueda se especializan en encontrar cadenas de texto que, en algunos casos, pueden estar incompletas. A esto se le llama búsquedas aproximadas o *fuzzy searches*.

Un ejemplo muy claro de esto es Google, donde simplemente escribiendo una cadena en el motor de búsqueda devolverá muy rápidamente resultados que coincidan con la búsqueda que solicitamos.

En algunos casos, incluso obtendremos resultados que coincidan con palabras similares a la que hemos escrito, lo que nos permitirá obtener resultados a pesar de que hayamos cometido errores tipográficos o recibir nuevas recomendaciones que tengan más peso en la web que la palabra que estamos buscando.

3. Los roles de la ciencia de datos

La ciencia de datos es un factor muy importante a la hora de crear un sistema de información. Podemos disponer de una gran variedad de sistemas: un sistema informático hospitalario, una biblioteca, el sistema informático para la gestión de un aeropuerto, etc. Los elementos pueden ser más o menos diversos, pero salvo algunas excepciones, hay un elemento que siempre tendrán en común: la presencia de datos.

Estudiar estos datos es precisamente el objetivo de la ciencia de datos. Son todas las técnicas, estrategias, actores, métodos, etc. que se han ido creando y perfeccionando a lo largo de los años para poder gestionar y explotar estos datos en función de las necesidades de los usuarios.

En primer lugar, los siguientes roles están directamente relacionados con las bases de datos:

- analista de datos,
- ingeniero de datos,
- arquitecto de datos,
- científico de datos,
- administrador de bases de datos,
- operador de base de datos,
- desarrollador de bases de datos.

En segundo lugar, los siguientes roles requieren conocimiento de bases de datos sin que ésta sea su función principal, por lo que se podría decir que están relacionadas indirectamente:

- desarrollador de aplicaciones,
- gerente de proyectos,
- gerente de negocios,
- director de servicios informáticos.

Veremos cada uno de estos roles en detalle. Ten en cuenta que estos son solo algunos ejemplos para hacerte una idea de la diversidad de roles que se pueden desempeñar en la ciencia de datos. Esta no es una lista exhaustiva, puede haber otras y el uso de nuevos métodos y tecnologías seguramente sacará a la luz nuevos roles en el futuro.

3.1 Analista de datos

El papel del analista de datos, como su nombre indica, es analizar un conjunto de datos. Este conjunto de datos puede pertenecer a un Datamart, como hemos visto anteriormente, en el caso de grandes organizaciones que cuentan con este tipo de arquitectura.

En el caso de estructuras más pequeñas, el analista de datos tendrá que extraer sus propios datos de la base de datos de producción para poder trabajar con ellos.

El analista de datos no necesita tener un perfil técnico, sino que su trabajo consistirá en analizar los datos preparados correspondientes a un campo concreto, que no tiene por qué ser necesariamente informático. Un ejemplo de ello puede ser el equipo de analistas de datos que se encargan de analizar los datos meteorológicos y hacer previsiones, que se especializarán en este tipo de datos y cuyas competencias serán más limitadas si necesitan analizar datos relacionados con la contabilidad de la empresa.

Los objetivos de un analista de datos se podrían estructurarse de la siguiente manera:

- **Extracción de datos**: el analista de datos debe ser capaz de extraer los datos que le interesan, ya sea de la base de datos de producción, un Datamart, un repositorio de datos, etc. La capacidad de realizar esta extracción de datos es una parte esencial de su trabajo.

  Algunos datos se deben extraer manualmente y otros datos se extraerán automáticamente. Por ejemplo, el análisis de la calidad de los datos de una empresa se puede automatizar hasta cierto punto en función de reglas programadas, mientras que puede ser necesaria una investigación más profunda, a través del análisis manual, para analizar casos que no se consideran automáticamente.

- **Implementación de indicadores**: los indicadores ofrecen un elemento fundamental, ya que definen los puntos a observar en la muestra de datos extraídos.

  Por ejemplo, si los datos extraídos corresponden a las ventas realizadas por una tienda, los indicadores que se pueden establecer pueden ser: el número de artículos vendidos al mes, el precio medio de los productos vendidos por cada vendedor o la diferencia respecto al mes anterior.

  Estos indicadores son los que convertirán una masa de datos, en información de calidad. Al igual que en el caso de la extracción de datos, los indicadores pueden ser automáticos o manuales y, en cualquier caso, corresponderá al analista de datos tanto implementarlos, como hacer un seguimiento de sus resultados.

- **Reporting**: el último objetivo del analista de datos, y quizás el más importante por la visibilidad que tiene, es la generación de informes que servirán para presentar los resultados analizados.

  Decimos que este es el punto más importante dentro de sus funciones, ya que es el objetivo visible para los usuarios finales y la calidad del trabajo realizado por el analista de datos será valorada en ese momento.

  Estos informes pueden ser de diferentes tipos, algunos ejemplos de informes generados podrían ser los siguientes:

  - Un informe para la dirección, donde se analiza el desempeño de cada uno de los departamentos de la empresa, teniendo en cuenta los beneficios generados y el coste de sus empleados.
  - Un informe que se publica automáticamente en Internet que muestra estadísticas sobre un sitio web y ciertos metadatos, como el país desde el que se realizaron las visitas, el número de clics por visita o el tiempo medio de conexión.
  - Un informe de análisis de calidad de datos, en el que se utilizan las reglas configuradas para obtener una serie de resultados. Los elementos que no cumplan con las reglas se pueden mostrar en este informe, lo que permite a los controladores corregirlos.

3.2 Ingeniero de datos

El ingeniero de datos (*Data Engineer* en inglés) tiene un rol más técnico dentro de la ciencia de datos, ya que su rol es más cercano a la máquina que de los usuarios.

De la misma manera que un ingeniero de otros sectores como la industria o la construcción se encarga de diseñar y construir las mejores técnicas para llevar a cabo una operación, el ingeniero de datos se encarga de implementar técnicas, metodologías y herramientas que ayuden a resolver los problemas necesarios para el proyecto o empresa a la que se dedican sus servicios.

Algunas de las tareas que puede realizar el ingeniero de datos incluyen:

- **Implementación de interfaces entre diferentes bases de datos**: el ingeniero de datos se debe asegurar de que las bases de datos se puedan comunicar entre sí, lo que se conoce comúnmente como interfaz de base de datos. Por ejemplo, se podría implementar una interfaz para garantizar que la base de datos de recursos humanos registre a los usuarios en la base de datos de producción utilizada por otra aplicación, con el objetivo de mantener al personal de la empresa actualizado sobre esa aplicación.
- **Integración de aplicaciones externas**: una de las funciones del ingeniero de datos es asegurar la correcta integración de las aplicaciones externas, desde el punto de vista de la base de datos. Cuando un proveedor externo solicita la implementación de una aplicación, lo hace sin considerar el contexto de cada empresa y el ingeniero de datos se debe asegurar de que la aplicación a implementar, cumpla con los requisitos y mejores prácticas de la organización para hacerlo correctamente.
- **Dar sentido al sistema de información**: esta es otra de las funciones que realiza el ingeniero de datos, que consiste en mapear las aplicaciones, bases de datos, flujos de datos y referentes de aplicaciones de la organización, con el fin de tener un contexto sobre el que construir y mantener una visión global.
- **Seguimiento de los avances tecnológicos**: el ingeniero de datos se debe mantener al día con las nuevas tecnologías, ya que constantemente aparecen nuevas herramientas y técnicas, necesarias para seguir manteniendo las bases de datos de manera óptima.

- **Aplicación de metodologías al entorno de trabajo**: la aplicación de metodologías como ITIL o PRINCE2 es una responsabilidad del ingeniero de datos, que debe tener en cuenta para poder llevar a cabo sus funciones de manera ordenada y consistente.

Observación

ITIL (Information Technology Infrastructure Library) es una metodología que define una serie de conceptos y buenas prácticas para mejorar la organización de una empresa y así mejorar su eficiencia.

3.3 Arquitecto de datos

Observación

Las diferencias entre un ingeniero de datos y un arquitecto de datos son sutiles, pero existen. Podemos decir que el ingeniero de datos es el responsable de poner en marcha las mejores soluciones para resolver un problema, mejorar un proyecto o encontrar las herramientas para alcanzar un objetivo, de la forma más eficiente posible. El arquitecto de datos se centra en diseñar un sistema desde una perspectiva teórica para satisfacer las necesidades de los usuarios. A pesar de que los dos roles a veces se superponen y una misma persona puede desempeñar ambos roles es importante poder diferenciarlos, ya que la función es diferente.

Es responsable del diseño de bases de datos en su más amplio sentido:

- **Modelado lógico de bases de datos**: el arquitecto de bases de datos podría ser responsable de modelar una base de datos desde una perspectiva lógica (entidades, objetos y relaciones entre ellos).

- **Análisis de las necesidades para la implementación de una arquitectura de servidor**: el arquitecto de bases de datos también podría decidir (o en todo caso, dar las directivas que pueden ser utilizadas por las personas encargadas de configurarlas), la arquitectura de los servidores de bases de datos de las organizaciones o parte de ellos. Por ejemplo, después de un análisis de las bases de datos de una organización, el arquitecto de bases de datos podría recomendar que lo más óptimo sería implementar una estructura de clúster, con dos nodos en la que el primer nodo sea pasivo y el segundo nodo sea activo, garantizando así una alta disponibilidad y mejorando el rendimiento.

Observación

Un clúster de bases de datos es una estructura muy utilizada para poder garantizar la alta disponibilidad. Se basa en el principio de que se pueden agrupar varios servidores (nodos) para alojar una base de datos común. El principio del clúster es siempre el mismo, aunque los detalles de su implementación varían mucho según los diferentes tipos de bases de datos, así como los fabricantes. Por mencionar algunos tipos de clústeres, existen clústeres activos-pasivos como se mencionó anteriormente, donde solo el nodo activo proporciona directamente el servicio a los usuarios o clústeres activo-activo, donde ambos nodos operan de manera sincrónica.

- **Creación de un marco de gestión de datos**: el arquitecto de datos se encarga de establecer un conjunto de estándares relacionados con la gestión de datos, que pueden ser muy diversos en función del tipo de organización y de las directrices establecidas. Un ejemplo de arquitectura de base de datos podría ser el siguiente modelo: tendríamos un entorno de producción, un entorno de preproducción y un tercer entorno de formación. Estableceríamos que el entorno de producción contendría los datos en bruto y solo sería accesible para un conjunto limitado de usuarios. El entorno de preproducción contendría datos filtrados para proteger la privacidad de los datos y, por último, el entorno de formación solo contendría datos de usuario ficticios, aunque otros tipos de datos, como los relacionados con la versión de la aplicación, tendrían que estar actualizados para garantizar que la formación se realiza con la versión correcta de la aplicación.

- **Análisis de riesgos**: el análisis de riesgos es el proceso que consiste en estudiar el impacto de un cambio, como la instalación de una aplicación (como parte de un plan de evolución) o la pérdida de un servidor (como parte de un plan de recuperación de la actividad) y determinar el riesgo de realizar una acción u otra, sus consecuencias y posibles soluciones.

  Al realizar un análisis de riesgos, se proponen cambios. Sin embargo, el análisis no realiza ninguna acción por sí sola, por lo que será responsabilidad de otra persona (como el ingeniero de datos) utilizar este informe de análisis de riesgos, para implementar las medidas necesarias.

  Por ejemplo, una posibilidad sería realizar un análisis de riesgos de la presencia de un único servidor de base de datos. El riesgo se estudiaría a diferentes niveles, como los siguientes:

  - Riesgo de fallo de hardware: en caso de fallo de hardware del servidor de la base de datos, al no tener redundancia, la aplicación dejará de funcionar. Esto afectará a la disponibilidad de la aplicación que utiliza esta base de datos.
  - Problemas de rendimiento: al tener un único servidor de base de datos, ese servidor controlará todas las consultas, lo que podría provocar problemas de rendimiento. El análisis de riesgos debe describir en detalle por qué se producen los problemas de rendimiento, a partir de qué uso y en qué medida un tipo diferente de arquitectura podría solucionarlos.

3.4 Científico de datos

El científico de datos es una mezcla entre el arquitecto de datos, el ingeniero de datos y el analista de datos. De hecho, solo los profesionales con más conocimientos y experiencia pueden ser considerados científicos de datos.

El científico de datos puede tener en ocasiones un perfil matemático o estadístico y, en otras ocasiones, ha evolucionado su carrera desde otra profesión como ingeniero de datos o analista de datos.

En cualquier caso, la característica principal de este rol es que reúne diferentes habilidades en una sola persona y, por lo tanto, se considera el rol más complejo de toda la ciencia de datos.

Algunas de las tareas que puede realizar un científico de datos podrían incluir:

- Analizar conjuntos de datos.
- Realizar limpiezas de datos.
- Crear tablas e informes.
- Visualizar los datos.
- Hacer deducciones estadísticas.
- Desarrollar modelos de aprendizaje estadísticos.
- Crear modelos predictivos complejos.
- Utilizar herramientas estadísticas.
- Comunicar los resultados del análisis a las partes interesadas.

3.5 Administrador de bases de datos

El administrador de la base de datos (o DBA, como se le llama debido a su traducción al inglés, *Database Administrator*) es el principal responsable de garantizar que las bases de datos que gestiona, así como sus sistemas de gestión de bases de datos, estén en óptimas condiciones en todo momento.

Las principales funciones de un administrador de bases de datos se podrían resumir de la siguiente manera:

- **Copia de seguridad y recuperación**: realizar copias de seguridad de bases de datos y poder restaurarlas si es necesario, es una tarea esencial de un administrador de bases de datos.
- **Integridad de datos**: asegúrese de que los datos introducidos en la base de datos permanezcan en la base de datos y evitar que los procesos externos pongan en peligro su integridad o permitan que los propios usuarios puedan afectar a los datos introducidos por otros usuarios, a menos que este sea el comportamiento esperado de la aplicación que utiliza la base de datos.

- **Garantizar el servicio**: el administrador de la base de datos es responsable de garantizar que el servicio de la base de datos siga funcionando correctamente, en caso de que surja alguna contingencia. Esta garantía del servicio permite que el resto de personas de la organización dediquen recursos a otros proyectos, sabiendo que la/s persona/s que ocupará/n este rol será la responsable de asegurar que las bases de datos estén funcionando de forma óptima durante el mayor tiempo posible, entregando así el servicio necesario.
- **Interfaz de comunicación de datos**: hemos visto anteriormente que el ingeniero de datos debe ser capaz de crear interfaces entre bases de datos. En el caso del administrador de la base de datos, su responsabilidad consistiría en garantizar que estas interfaces funcionen de manera óptima a lo largo del tiempo.
- **Resolución de problemas**: tener la capacidad de resolver los diversos problemas que pueden aparecer en una base de datos, en su forma más diversa, es responsabilidad del administrador de la base de datos y lo que agrega valor a sus funciones en la empresa.
- **Supervisión del rendimiento**: el administrador de la base de datos realiza periódicamente un análisis proactivo del rendimiento de la base de datos para asegurarse de que diversas operaciones, como consultas y actualizaciones, se ejecutan de forma óptima, por ejemplo, mediante el análisis de los planes de ejecución.
- **Gestión de diferentes entornos**: en una organización, puede haber diferentes entornos, como producción, preproducción y formación. El administrador de la base de datos es responsable de administrar estos diferentes entornos, cada uno con una prioridad diferente.

3.6 Operador de base de datos

El operador de la base de datos (o DBO en inglés, *DataBase Operator*) se puede considerar como un asistente del administrador de la base de datos y es responsable de ejecutar procesos, realizar tareas programadas y determinadas operaciones de mantenimiento.

No se debe confundir con un administrador de base de datos junior porque, a diferencia de este último, el operador de la base de datos no está destinado a adquirir las habilidades del administrador senior de la base de datos ni sus responsabilidades.

Normalmente, se trata de un profesional técnico con menos habilidades que su colega administrador de bases de datos, que sirve de asistente para realizar tareas u operaciones diarias específicas, a través de la ejecución de otros procedimientos.

Para alguien que se especializa en campos distintos a las bases de datos, también es posible realizar tareas como operador de bases de datos, además de sus funciones principales. Por ejemplo, es común que el administrador de sistemas de una organización realice ocasionalmente tareas de operador de base de datos, cuando el administrador de base de datos está ausente.

3.7 Desarrollador de bases de datos

Algunos sistemas de bases de datos incluyen sus propios lenguajes de programación. Por ejemplo, Oracle tiene PL/SQL, mientras que Postgres tiene PL/pgSQL.

El desarrollador de bases de datos es un desarrollador que se especializa en programar en uno de estos lenguajes.

La principal diferencia entre un administrador de bases de datos y un desarrollador de bases de datos es que el primero es responsable de mantener un sistema y asegurarse de que todo funcione correctamente, mientras que el segundo crea nuevos procedimientos, modifica los existentes y se encarga de integrar los procedimientos creados por terceros.

3.8 Roles multifuncionales

A continuación, se muestra un ejemplo de código PL/SQL escrito por un desarrollador de bases de datos:

```
DECLARE
  var_empleado NUMBER := 101;
  var_nuevo_salario NUMBER;
BEGIN
  SELECT salario * 1.1 INTO var_nuevo_salario
  FROM empleados
  WHERE id_empleado = var_empleado;

  UPDATE empleados
  SET salario = var_nuevo_salario
  WHERE Id_empleado = var_empleado;

  COMMIT;
END;
```

A continuación, describiremos las funciones de la ciencia de datos que, aunque no están directamente relacionadas con las bases de datos, son importantes y críticas a tener en cuenta.

3.8.1 Desarrollador de aplicaciones

El desarrollador de aplicaciones tiene algunas similitudes con el desarrollador de bases de datos, en el sentido de que su misión principal es crear aplicaciones programando líneas de código, en Java o PHP, por ejemplo.

La diferencia es que el desarrollador de aplicaciones utiliza código externo a la propia base de datos y, sin embargo, se conecta a ella para almacenar los datos utilizados por las aplicaciones que crea.

Por ejemplo, el desarrollador de una aplicación de gestión de librerías no debe tener conocimientos avanzados sobre la creación de bases de datos, ya que esa sería la función del arquitecto de bases de datos o del ingeniero de bases de datos, pero debe saber cómo conectarse a ellas y cómo extraer la información que le interesa.

Por otro lado, sería interesante que el desarrollador de la aplicación tuviera los conocimientos necesarios para poder realizar consultas sobre la base de datos de forma óptima, aprovechando al máximo el rendimiento y haciendo que la base de datos solo utilice los recursos necesarios.

Observación

La optimización de la base de datos comienza con el desarrollo. Si una aplicación hace un mal uso de la base de datos, como recuperar datos que no necesita o crear consultas mal optimizadas, por mucho que intentemos mejorar la base de datos, el rendimiento siempre se verá degradado.

3.8.2 Jefe de proyectos

El papel de un jefe o director de proyecto es gestionar los distintos elementos, tanto técnicos como humanos y económicos, para garantizar el éxito del proyecto del que es responsable.

Para ello, en el caso de un proyecto informático, en la gran mayoría de los casos el uso de bases de datos estará involucrado de una forma u otra. Se trate de un nuevo proyecto de desarrollo de aplicaciones, un proyecto de integración o simplemente un proyecto de recuperación de datos, las bases de datos son un componente esencial.

Por este motivo, el jefe de proyectos debe tener un conocimiento general de bases de datos, sin necesidad de ser un experto en ninguno de los campos.

También debe ser capaz de estar familiarizado con los diferentes perfiles que intervienen en la ciencia de datos, lo que les será útil para detectar la necesidad de contratar al personal adecuado.

En primer lugar, el jefe del proyecto trabaja en estrecha colaboración con las partes interesadas y los expertos en la materia, para definir el alcance del proyecto. Esto implica comprender las necesidades y requisitos específicos de la empresa, en lo que respecta a la gestión de inventario y ventas. A partir de este entendimiento, el jefe de proyecto crea una especificación detallada que servirá como guía para el equipo de desarrollo de la base de datos.

El jefe de proyecto es responsable de reclutar y asignar el equipo de desarrollo, que puede incluir diseñadores de bases de datos, desarrolladores de software, administradores de bases de datos y otros profesionales relevantes. La coordinación y gestión de este equipo es clave para garantizar que todos estén alineados con los objetivos del proyecto y que se cumplan los plazos establecidos.

Además, el jefe del proyecto supervisa el proceso de diseño de la base de datos, asegurándose de que cumpla con las mejores prácticas de diseño, como la estandarización de datos, la eficiencia de las consultas y la seguridad. También es responsable de garantizar que la base de datos sea escalable y pueda manejar el crecimiento futuro del negocio.

Durante la fase de desarrollo, el jefe del proyecto realiza un seguimiento del progreso del equipo y resuelve cualquier problema o desafío que pueda surgir. Garantiza que se sigan las prácticas de codificación adecuadas y que se realicen pruebas exhaustivas para garantizar la calidad y la funcionalidad de la base de datos.

Por supuesto, si el jefe del proyecto tiene que tratar con algo directamente relacionado con las bases de datos, como un proyecto de migración de datos o la instalación de un clúster, entonces el director del proyecto tendrá que tener un conocimiento más avanzado de las bases de datos.

3.8.3 Director de empresa

El director de una empresa se podría considerar un tipo de jefe de proyecto. En este caso, su proyecto es su propia empresa y, dependiendo del tamaño de la misma, habrá más o menos proyectos que formen la empresa.

Este rol será más o menos técnico dependiendo del tipo de empresa, así como del tamaño de la organización. Por regla general, cuanto más grande es una empresa, menos conocimientos técnicos tendrá su director (o equipo directivo, en el caso de las grandes organizaciones), ya que se deberá especializar en habilidades de gestión empresarial y de personas.

Sin embargo, en las pequeñas empresas, como una pequeña librería o un negocio de lavado de coches, donde hay pocos empleados, el propietario del negocio necesita adquirir conocimientos técnicos en bases de datos para poder asegurarse de que todo funcione correctamente.

En este caso, además de los puntos mencionados para el director del proyecto, también sería interesante que pudiera adquirir las siguientes habilidades:

- **Protección de datos**: la protección de datos consiste (por regla general) en garantizar que los datos de clientes y empleados almacenados en una base de datos permanezcan confidenciales, que ningún tercero pueda acceder a los datos, que posiblemente se eliminen automáticamente, etc. Existe todo un proceso que se encarga de gestionar esta protección de datos y el propietario de una empresa se debe asegurar de que se respete, de lo contrario, corre el riesgo de que sus datos sean divulgados, ya sea al público en general o a la competencia, con importantes pérdidas financieras o incluso consecuencias legales.

Observación

El Reglamento General de Protección de Datos (RGPD) es un reglamento de la Unión Europea sobre la privacidad de la información en la Unión Europea y el Espacio Económico Europeo.

- **Copias de seguridad**: el dirigente de una empresa se debe asegurar de que sus datos se puedan recuperar incluso en los peores casos y es especialmente en estos casos, cuando más se necesitan los datos. Tomemos el ejemplo de una empresa de venta de muebles que sufre un incendio. Si los datos estaban en el edificio que ahora está en ruinas y no se habían hecho copias de seguridad previas perderá, no solo su negocio, sino también sus datos de clientes, información de facturación y otros datos vitales para poder reiniciar el negocio.
- **Plan de continuidad del negocio**: además de tener copias de seguridad, el propietario de la empresa se debe asegurar de que exista un plan de continuidad del negocio que permita que la empresa siga funcionando lo más rápido posible, en caso de fallo. Desde el punto de vista de la base de datos, puede ser una base de datos externa en un servidor que está en la nube, por ejemplo, y se sincroniza una vez al día por la noche. Esto permitiría el uso de este servidor, a pesar de que la base de datos principal no esté disponible, ya sea debido a un desastre o a operaciones de mantenimiento.

3.8.4 Director de servicios informáticos (CIO)

El director de servicios informáticos de una organización es un caso especial del director de empresa, ya que se especializa en tecnologías de la información. Su conocimiento de las bases de datos debe ser un poco más avanzado y debe comprender las consecuencias de elegir un tipo de base de datos sobre otra.

Además, el conocimiento de los diferentes roles en la ciencia de datos es fundamental, ya que les permitirá reclutar y hacer un seguimiento de las personas que trabajan para ellos.

Capítulo 2
Análisis de las necesidades

1. Introducción

Un punto crítico para el diseño de una base de datos es el análisis de las necesidades. Poder realizar este análisis correctamente le permitirá identificar de forma óptima los recursos, tanto materiales como humanos, necesarios para llevar a cabo el proyecto requerido por la organización.

Veremos cómo tratar el diseño de una base de datos como un proyecto, centrándonos en un tipo de proyecto muy concreto relacionado con las bases de datos.

Nos centraremos en los puntos que tendremos que estudiar en profundidad, como el análisis de riesgos, el análisis económico y la identificación tanto de los datos como de los flujos de datos con sistemas externos a la base de datos que tendremos que diseñar.

2. Gestión de proyectos

Saber gestionar un proyecto es una condición necesaria para poder diseñar correctamente una base de datos.

En esta sección, veremos los pasos que debemos seguir para administrar correctamente un proyecto de diseño de base de datos, de manera organizada.

2.1 ¿Qué es la gestión de proyectos?

La gestión de proyectos es una serie de metodologías, reglas y buenas prácticas que nos permiten llevar a cabo nuestro proyecto de forma óptima, es decir, alcanzar el objetivo que nos hemos marcado.

En el contexto del diseño de bases de datos, la gestión de proyectos tiene como objetivo planificar, coordinar y controlar todas las actividades necesarias para completar el diseño, el modelado y la implementación.

Observación

La gestión de proyectos se convierte en una herramienta esencial para garantizar que el proyecto de diseño de la base de datos se complete a tiempo, dentro del presupuesto y con los resultados esperados.

En el diseño de bases de datos, un proyecto puede abordar una variedad de necesidades, como la optimización de la gestión de datos, la integración de sistemas, la mejora de la eficiencia operativa o el cumplimiento de las regulaciones. La gestión de proyectos comienza con la identificación de los objetivos y requisitos del proyecto, lo que implica definir claramente lo que se supone que debe lograr la base de datos y las necesidades que debe satisfacer.

Un elemento clave en la gestión de proyectos de diseño de bases de datos es la creación de un plan de proyecto sólido. Este plan incluye la definición de tareas, la asignación de recursos, la estimación de plazos y presupuestos y la identificación de posibles riesgos. Además, se establecen medidas y criterios de éxito que permiten evaluar el avance del proyecto a medida que avanza.

La gestión de proyectos también implica la formación y coordinación de equipos multidisciplinarios. Un proyecto de diseño de base de datos involucra a analistas de datos, desarrolladores, diseñadores de bases de datos y usuarios finales. La gestión eficaz de estos equipos garantiza una colaboración fluida y una comprensión compartida de los objetivos del proyecto.

La fase de ejecución del proyecto implica la implementación real de la base de datos, que incluye la creación de tablas, relaciones, consultas y la migración de los datos existentes. Durante esta fase, se realiza un seguimiento constante para asegurar que el proyecto se adhiere al plan y cumple con los estándares de calidad establecidos.

En el contexto del diseño de bases de datos, la gestión de proyectos también se centra en la comunicación eficaz. Los informes de progreso y las reuniones periódicas con el equipo del proyecto y las partes interesadas son esenciales para mantener a todos informados y tomar decisiones informadas a medida que surgen desafíos y cambios en el proyecto.

2.2 Fases en la gestión de un proyecto de base de datos

Las fases que tendremos que tener en cuenta para nuestro proyecto de diseño de base de datos, son las siguientes.

2.2.1 Definición del alcance del proyecto

Definir el alcance del proyecto también implica identificar sus límites. Esto significa establecer lo que no se incluirá en el proyecto, lo que permite evitar una expansión descontrolada de los requisitos y mantiene un ritmo en las diferentes fases que lo componen. Por ejemplo, la integración con sistemas externos que no estén directamente relacionados con la gestión de inventarios, se podría excluir explícitamente.

Un elemento clave para definir el alcance es la creación de una declaración de alcance del proyecto. Esta declaración es un documento que resume de manera concisa los objetivos, limitaciones, entregables esperados y criterios de éxito del proyecto de diseño de base de datos. Proporciona una referencia sólida para que el equipo del proyecto y las partes interesadas comprendan y evalúen el alcance del proyecto en todo momento.

Definir el alcance del proyecto también implica identificar a las partes interesadas y sus expectativas. Esto garantiza que se tengan en cuenta las necesidades y requisitos de todas las partes implicadas, desde los usuarios finales hasta los patrocinadores del proyecto.

Observación

La comunicación efectiva con las partes interesadas es esencial para garantizar que el alcance permanezca alineado con sus expectativas a lo largo del proyecto.

2.2.2 Planificación de proyectos

La planificación de proyectos es una disciplina a considerar en el proceso de diseño de bases de datos, que tiene como objetivo planificar, coordinar y controlar todas las actividades necesarias para llevar a cabo el diseño, desarrollo e implementación de una base de datos.

En resumen, la gestión de proyectos en el campo del diseño de bases de datos es una disciplina que busca planificar, coordinar y controlar todas las actividades necesarias para el diseño, desarrollo e implementación exitosos de una base de datos. A través de una sólida planificación, la colaboración de equipos multidisciplinarios, la supervisión continua y la comunicación efectiva, la gestión de proyectos desempeña un papel crucial en el logro de los objetivos del proyecto y proporciona una base de datos que cumple con los requisitos del proyecto y las necesidades de la organización.

2.2.3 Modelado de bases de datos

Una vez que hemos planificado adecuadamente nuestro proyecto, identificados los plazos, costes y agentes que van a intervenir, podemos iniciar el diseño de la base de datos.

El modelado de la base de datos se discutirá en detalle en el capítulo Modelado de datos. Lo que sí podemos prever es que, en esta etapa, nos encargaremos de preparar los elementos en papel, antes de pasar a la fase de construcción, para asegurarnos de que la base de datos que queremos lanzar esté correctamente hecha en relación a los requerimientos de los usuarios y a nuestras propias necesidades.

2.2.4 Creación de la base de datos

Después de preparar nuestro diseño, podemos pasar a la fase de creación de la base de datos.

Discutiremos la fase de creación de la base de datos en detalle en el capítulo de Modelado de datos y también en el capítulo Normalización de datos, donde veremos qué técnicas necesitamos utilizar para realizar correctamente esta implementación.

A la hora de crear la base de datos, no solo debemos tener en cuenta los aspectos de diseño de la base de datos, sino también los servidores (físicos o virtuales) que necesitamos preparar para alojar estas bases de datos, las licencias y posiblemente la contratación de personal.

2.2.5 Pruebas y validación

A continuación, pasamos a la fase de prueba y validación. Las pruebas y la validación son fases que también forman parte de la vida continua de la base de datos. Sin embargo, antes de poner una base de datos en producción, es necesario asegurarse de que todo funciona correctamente (fase de pruebas) y validar que se alcanzarán los objetivos que se quieren alcanzar (fase de validación).

Veremos esta fase en detalle en el capítulo Pruebas y validación.

2.2.6 Despliegue y puesta en producción

Una vez que nos hemos asegurado de que la base de datos se puede desplegar correctamente en el entorno que hemos elegido y preparado, pasamos a la fase de despliegue.

La fase de despliegue consiste en poner en marcha todos los elementos necesarios para que los usuarios finales tengan acceso tanto a las aplicaciones como a las bases de datos que hemos preparado.

Recuerde que una base de datos no es un elemento aislado en la mayoría de los casos, y normalmente va acompañada de, al menos, una aplicación. Por lo tanto, se debe tener en cuenta en su fase de despliegue y producción.

La fase de despliegue y producción no se discute en profundidad en este libro, aunque algunos aspectos se consideran en la sección de Pruebas y validación.

2.2.7 Mantenimiento y evolución

El último punto es la fase de mantenimiento y evolución. Las bases de datos son componentes vivos de la organización y, por lo tanto, se deben adaptar con el tiempo por una variedad de razones, como la evolución de nuevas funciones, el mantenimiento a través de parches de seguridad o la adaptación a la integración de nuevas aplicaciones.

Trataremos este tema en detalle en el capítulo Mantenimiento y actualizaciones.

3. Requisitos previos

A la hora de diseñar bases de datos, es fundamental cumplir una serie de requisitos previos que forman la base de un proyecto exitoso. Estos requisitos previos se deben cumplir antes de embarcarse en el diseño y desarrollo de bases de datos. Aquí, profundizaremos en estos requisitos previos fundamentales para el éxito de su proyecto de diseño de base de datos.

3.1 Entender las necesidades de la organización

Antes de comenzar cualquier proyecto de diseño de base de datos, es imperativo tener una comprensión profunda de las necesidades y objetivos del negocio. Esto implica realizar un análisis detallado de las operaciones comerciales, identificar los procesos clave que involucran datos y definir claramente los objetivos que se deben lograr con el diseño de nuestra base de datos. Una comprensión sólida de estos aspectos proporciona una dirección clara y garantiza que la base de datos sea relevante y eficaz para la organización.

3.2 Defina claramente los requisitos previos

La definición de los requisitos previos es un paso crucial que abarca tanto los requisitos funcionales como los no funcionales. Los requisitos funcionales describen las funciones específicas que debe realizar la base de datos, como la capacidad de realizar consultas complejas o manejar grandes volúmenes de datos. Los requisitos no funcionales se centran en aspectos como el rendimiento, la seguridad y la escalabilidad.

Definir estos requisitos previos con precisión es esencial para guiar el diseño y el desarrollo de bases de datos.

3.3 Construir un equipo de profesionales competentes

La competencia del equipo del proyecto es un factor crítico. Este equipo multidisciplinario debe incluir analistas de datos, diseñadores de bases de datos, desarrolladores y administradores de bases de datos, cada uno con las competencias y la experiencia para contribuir eficazmente al proyecto.

3.4 Acceso a datos relevantes

El valor de una base de datos se puede comparar con la calidad de los datos que contiene. Esto significa que se debe garantizar el acceso a los datos relevantes, ya sea migrando datos de sistemas existentes, integrándolos con fuentes de datos externas o recopilando nuevos datos. La calidad y la disponibilidad de los datos son factores críticos.

3.5 Infraestructura y herramientas tecnológicas apropiadas

Elegir la infraestructura tecnológica adecuada es esencial. Esto incluye la selección del sistema de gestión de bases de datos (SGBD) adecuado para el proyecto, la configuración de los servidores y la adquisición de las herramientas necesarias para diseñar y gestionar la base de datos. La elección del SGBD se debe basar en los requisitos específicos del proyecto.

3.6 Cumplimiento legal y regulatorio

En muchos proyectos, es primordial cumplir con las regulaciones y requisitos legales. Esto puede incluir consideraciones para la privacidad de los datos, la protección de la información confidencial o el cumplimiento de las regulaciones específicas del sector. Garantizar el cumplimiento del proyecto es un requisito previo fundamental para evitar problemas legales.

3.7 Compromiso de las personas en la organización

Involucrar a los colaboradores y personas de referencia es un aspecto importante del proceso de diseño de la base de datos, ya que garantiza que todas las partes involucradas estén alineadas con los objetivos del proyecto y que sus necesidades y expectativas se aborden adecuadamente. Las partes interesadas pueden incluir la alta dirección, los usuarios finales, los patrocinadores de proyectos, los analistas de negocio y otras partes interesadas clave. Establecer una fuerte participación de las partes interesadas es fundamental para el éxito del proyecto de diseño de la base de datos.

3.7.1 ¿Por qué es tan importante la participación de las partes interesadas?

- **Definición de las expectativas**: las partes interesadas aportan diferentes perspectivas y expectativas al proyecto. Al involucrarlos desde el principio, estas expectativas se pueden aclarar y alinear con los objetivos del proyecto, evitando futuros malentendidos y conflictos.
- **Apoyo de la dirección**: el apoyo de la dirección es esencial para obtener los recursos y la autoridad necesarios para el proyecto. Si los líderes de la organización están comprometidos, es más probable que el proyecto reciba apoyo.
- **Validación de requisitos**: los usuarios finales desempeñan un papel importante en la definición de requisitos y la validación de las soluciones propuestas. Su participación activa garantiza que la base de datos satisfaga sus necesidades y se adapte a sus procesos.
- **Resolución temprana de problemas**: la participación de las partes interesadas ayuda a identificar y resolver posibles problemas en las primeras etapas del proyecto, lo que reduce el riesgo de retrasos o costes adicionales.

3.7.2 Tipos de reuniones para promover el compromiso de la organización

- **Reuniones iniciales de definición de objetivos**: estas reuniones tienen lugar al comienzo del proyecto y reúnen a las partes interesadas clave para discutir los objetivos, el alcance y las expectativas del proyecto. Por ejemplo, se puede programar una reunión con los directivos de la empresa para definir los objetivos estratégicos que debe cumplir la base de datos.
- **Reuniones de validación de requisitos**: durante el proceso de definición de requisitos, se pueden realizar reuniones periódicas con los usuarios finales y los analistas de negocio para revisar y validar los requisitos funcionales y no funcionales. Por ejemplo, en un proyecto de base de datos de recursos humanos, se puede celebrar una reunión con los departamentos de recursos humanos y nómina para validar el seguimiento de los empleados y los requisitos de procesamiento de nómina.
- **Reuniones de seguimiento del progreso**: a lo largo del proyecto, se pueden programar reuniones periódicas para revisar el progreso y los hitos conseguidos. Estas reuniones mantienen informadas a las partes interesadas y les permiten hacer ajustes, si es necesario. Por ejemplo, se pueden celebrar reuniones quincenales con el equipo del proyecto y las partes interesadas para revisar el progreso del diseño de la base de datos.
- **Reuniones de presentación**: una vez que la base de datos está lista para su implementación, se pueden realizar reuniones de presentación para exponer los resultados y las capacidades de la base de datos a los usuarios finales y otras partes interesadas. Estas reuniones proporcionan una retroalimentación final y garantizan que la base de datos cumpla con las expectativas.

4. Análisis económico

El análisis económico desempeña un papel fundamental en el proceso de diseño de bases de datos. Antes de embarcarse en la implementación de un proyecto de base de datos, es esencial evaluar su viabilidad económica. Esto implica considerar los costes asociados, los beneficios esperados y calcular indicadores financieros clave que permitan tomar decisiones informadas. En esta sección, exploraremos cómo realizar un análisis económico integral en el contexto del diseño de bases de datos.

4.1 Identificación de gastos

4.1.1 Gastos de diseño

El primer paso en el análisis económico es identificar los costes asociados con el diseño de una base de datos. Estos costes incluyen lo siguiente:

- **Gastos de personal**: salarios y prestaciones de los profesionales que participan en el diseño, desarrollo y pruebas de la base de datos.
- **Costes de hardware y software**: inversión en servidores, equipos, licencias de software y herramientas de modelado.
- **Gastos de formación**: gastos relacionados con la formación del personal en el manejo de la nueva base de datos.

4.1.2 Gastos de explotación

Además de los costes de desarrollo, es esencial considerar los costes operativos en los que se incurrirá una vez que la base de datos esté operativa. Estos pueden incluir los siguientes costos:

- **Gastos de mantenimiento**: costes relacionados con la corrección de errores, las actualizaciones y la mejora continua.
- **Gastos de almacenamiento y energía**: gastos relacionados con el alojamiento de la base de datos en servidores, así como el consumo de energía.
- **Gastos de personal de soporte**: salarios y beneficios sociales para el personal que brinda soporte técnico y soluciona problemas.

4.2 Beneficios estimados

4.2.1 Mejora de la eficiencia operativa

Una base de datos bien diseñada puede mejorar significativamente la eficiencia operativa de una organización. Esto se traduce en beneficios como:

- **Ahorro de tiempo**: reducción del tiempo dedicado a tareas manuales y procesos ineficientes.
- **Aumento de la productividad**: mejora de la capacidad para procesar datos y generar informes de forma más rápida y precisa.

4.2.2 Mejora en la toma de decisiones

Una base de datos eficiente proporciona un acceso rápido y preciso a la información, lo que facilita la toma de decisiones informadas. Estas son algunas de las ventajas:

- **Mejora en la toma de decisiones estratégicas**: mayor capacidad para identificar tendencias y patrones en los datos.
- **Reducción de errores**: minimización del error humano al acceder y manipular los datos.

4.2.3 Aumento de los ingresos

Una base de datos puede ayudar a aumentar los ingresos de una organización:

- **Facilitar la retención de clientes**: ofreciendo una mejor experiencia de usuario y servicios personalizados.
- **Identificar oportunidades de venta cruzada y venta adicional**: analizando el comportamiento de los clientes.

4.3 Análisis de sensibilidad

Es importante realizar un análisis de sensibilidad para evaluar cómo varían los resultados financieros en diferentes escenarios. Esto implica cambiar supuestos clave como los costos de desarrollo, las ganancias estimadas y el tiempo de recuperación. Un análisis de sensibilidad ayuda a comprender la solidez de la inversión y su capacidad para resistir los cambios en las condiciones del mercado o los recursos disponibles.

5. Análisis del riesgo

5.1 Identificación de riesgos

5.1.1 Riesgos técnicos

Los riesgos técnicos están asociados con desafíos específicos relacionados con el desarrollo y la implementación de bases de datos. Estos son algunos ejemplos:

- **Incompatibilidad tecnológica**: es posible que la tecnología seleccionada no sea compatible con los sistemas existentes, lo que podría provocar problemas de integración.
- **Crecimiento inesperado**: es posible que la base de datos no pueda manejar un aumento inesperado en la carga de trabajo o el volumen de datos.

5.1.2 Riesgos de seguridad

Los riesgos de seguridad se refieren a la vulnerabilidad de la base de datos a las amenazas cibernéticas y la exposición de datos confidenciales. Algunos ejemplos de riesgos de seguridad son:

- **Violación de datos**: La base de datos podría ser vulnerable a ataques de piratas informáticos que comprometan la seguridad de la información.
- **Acceso no autorizado**: Se corre el riesgo de que personas no autorizadas accedan a la base de datos y manipulen los datos de forma inadecuada.

5.1.3 Riesgos de recursos

Los riesgos de recursos se relacionan con la disponibilidad y administración de los recursos necesarios para el proyecto de base de datos. Algunos ejemplos de riesgos de recursos son:

- **Escasez de personal calificado**: puede ser difícil encontrar profesionales con las habilidades necesarias para desarrollar y mantener la base de datos.
- **Presupuesto insuficiente**: la asignación de recursos financieros puede no ser suficiente para cubrir los costos del proyecto.

5.2 Evaluación de riesgos

Una vez identificados los posibles riesgos, se debe evaluar su impacto y probabilidad. Esto se puede lograr a través de una matriz de riesgos que categoriza los riesgos según su gravedad y probabilidad. Por ejemplo, un riesgo de seguridad que podría resultar en la pérdida de datos confidenciales se consideraría de alta gravedad y probabilidad.

5.3 Mitigación de riesgos

La mitigación de riesgos implica desarrollar estrategias para reducir la probabilidad de que ocurran riesgos y minimizar su impacto, si ocurren. Algunas de estas estrategias incluyen:

- **Implementación de medidas de seguridad**: el objetivo es hacer frente a los riesgos de seguridad. Se pueden implementar firewalls, sistemas de detección de intrusos y políticas de acceso estrictas.
- **Plan de emergencia**: la creación de un plan de contingencia o emergencia especifica cómo responder a situaciones de riesgo, como una violación de datos o una interrupción del servicio.
- **Diversificación de recursos**: para mitigar los riesgos de recursos, se pueden explorar opciones de terceros o soluciones en la nube para reducir la dependencia de los recursos internos.

5.4 Evaluación continua

El análisis de riesgos no es un proceso estático. Se debe revisar y actualizar continuamente a medida que evoluciona el proyecto de base de datos. El monitoreo continuo ayuda a identificar los riesgos emergentes y ajustar las estrategias de mitigación según sea necesario.

6. Identificar los datos

La fase de identificación de datos es una parte esencial del proceso de diseño de la base de datos. Antes de diseñar o implementar una base de datos, es fundamental entender en detalle qué datos se almacenarán y cómo se estructurarán. En esta sección, exploraremos la importancia de la identificación de datos y cómo completar este proceso.

6.1 Definición de objetivos y requisitos

Antes de iniciar la identificación de datos, se deben definir claramente los objetivos del proyecto y los requisitos específicos de la base de datos. Esto implica un análisis previo de las operaciones relacionadas con la base de datos: quiénes serán los usuarios finales y qué funcionalidades serán necesarias implementar. Los objetivos y requisitos sirven como guías para determinar qué datos son esenciales y cómo se utilizarán.

6.2 Identificación de fuentes de datos

Una vez establecidos los objetivos y requisitos, el siguiente paso es identificar las fuentes de datos disponibles. Esto puede incluir fuentes internas, como sistemas de gestión existentes, registros en papel o datos generados por el usuario. También puede haber fuentes externas, como datos de proveedores, datos de clientes o datos de fuentes públicas. Identificar todas las fuentes potenciales es crucial para garantizar que se capturen todos los datos relevantes.

6.3 Recopilación y clasificación de datos

Una vez identificadas las fuentes de datos, se recopilan y clasifican los datos:

- **Recopilación de datos**: implica la recopilación de datos de fuentes identificadas, ya sea extrayéndolos de los sistemas existentes, introduciéndolos manualmente o importándolos de fuentes externas.
- **Clasificación de datos**: es el proceso de organizar los datos en categorías lógicas y definir la estructura de los datos, como tablas, campos y relaciones. Esto es esencial para garantizar que los datos sean coherentes y estén disponibles para el análisis.

6.4 Establecer reglas de negocio

A la hora de identificar los datos, es necesario establecer reglas de negocio que definan cómo se deben gestionar y utilizar los datos. Estas reglas pueden incluir restricciones de integridad, validaciones de datos, políticas de acceso y requisitos de retención. Las reglas de negocio ayudan a garantizar la precisión y la seguridad de los datos de la base de datos.

6.5 Evaluación de la calidad de los datos

La calidad de los datos es un aspecto esencial de la identificación de datos. La evaluación de la calidad de los datos recopilados es esencial para garantizar su exactitud, integridad y coherencia. Esto puede implicar la identificación y corrección de datos incorrectos o incompletos, así como la comprobación de la coherencia entre las fuentes de datos.

7. Identificación de flujos de datos

La identificación de los flujos de datos es un paso crucial en el proceso de diseño de la base de datos. Antes de diseñar y construir la base de datos, es esencial comprender cómo se mueven y transforman los datos dentro y fuera del sistema. En esta sección, exploraremos la importancia de identificar los flujos de datos y cómo completar este proceso.

7.1 Definición de flujos de datos

Una vez que hemos identificado las fuentes de datos en el proceso de diseño de la base de datos, el siguiente paso crítico es la definición de los flujos de datos. Los flujos de datos representan cómo la información se mueve desde su origen hasta su destino, a través de una serie de procesos y transformaciones.

Esta fase es esencial para comprender la dinámica completa del sistema y garantizar que los datos fluyan de manera efectiva y eficiente. A continuación, exploraremos en detalle cómo definir los flujos de datos y proporcionaremos ejemplos del mundo real para ilustrar este proceso.

7.1.1 Mapeo de flujo de datos

La definición de flujos de datos implica mapear cómo fluyen los datos a través de los diferentes componentes del sistema. Esto puede incluir los dos puntos siguientes:

- **Identificar las rutas de datos**: esto significa comprender las rutas específicas que siguen los datos desde su origen hasta su destino. Por ejemplo, en un sistema de gestión de inventario, es crucial mapear cómo los datos de productos entrantes llegan a la base de datos de inventario.
- **Interfaces y protocolos**: consiste en identificar las interfaces o puntos de conexión utilizados para la transferencia de datos entre sistemas. Por ejemplo, en un sistema de comercio electrónico, se debe determinar si los datos de los pedidos se transfieren a través de API (*Application Programming Interface*) o mediante archivos CSV.

7.1.2 Transformación de datos

Además del movimiento físico de los datos, es importante comprender cómo se transforman los datos durante el procesamiento. Las transformaciones de datos pueden incluir lo siguiente:

- **Cambios de formato**: el cambio de formato es el proceso de convertir datos de un formato a otro. Por ejemplo, convertir fechas de texto a formato de fecha.
- **Cálculos y agregaciones**: consiste en realizar operaciones matemáticas o estadísticas sobre los datos. Por ejemplo, calcular el precio total de una factura en un sistema de facturación.
- **Filtrado y validación**: se aplican filtros para seleccionar datos relevantes y se valida la precisión de los datos. Por ejemplo, verificar que las direcciones de envío sean válidas antes de procesar un pedido.

7.1.3 Ejemplo: Sistema de gestión de clientes

Consideremos un ejemplo práctico de definición de flujos de datos en un sistema de gestión de clientes para una empresa de telecomunicaciones. Las fuentes de datos pueden incluir lo siguiente:

- **Registro de nuevos clientes**: en nuestro ejemplo, los datos de los nuevos clientes se introducen en el sistema a través de un formulario en línea. Estos datos se transforman mediante la validación de la información y se almacenan en la base de datos de clientes.
- **Actualización de la información del cliente**: los clientes existentes pueden actualizar su información de contacto a través de una aplicación móvil. Los datos actualizados se transforman mediante la validación y las actualizaciones en la base de datos.
- **Generación de informes de uso**: el sistema recopila datos de uso del servicio de telecomunicaciones de los clientes y los procesa para generar informes de facturación mensuales.

La definición de estos flujos de datos permite al equipo de desarrollo comprender cómo se manipulan los datos, a medida que fluyen a través del sistema y garantizar la coherencia y la eficiencia de los procesos.

7.2 Identificación de fuentes de datos

La correcta identificación de las fuentes de datos es un paso esencial para poder diseñar una base de datos. Las fuentes de datos son algo a tener en cuenta en los flujos de datos, ya que nos ayudarán a definir cómo procesarlas y qué tecnologías debemos tener en cuenta.

7.2.1 Introducción manual de datos

Una de las fuentes de datos más comunes es la introducción manual de datos por parte de los usuarios. Esto sucede cuando las personas ingresan información directamente en el sistema. Por ejemplo, en un sistema de gestión de inventario, los empleados pueden introducir manualmente los detalles de los productos que llegan al almacén. La identificación de esta fuente de datos implica reconocer los formularios o interfaces de usuario utilizados para introducir los datos y comprender quiénes son los usuarios responsables de esa entrada.

7.2.2 Sistemas existentes

En muchas organizaciones, los datos provienen de sistemas preexistentes, como bases de datos o aplicaciones existentes. Estos sistemas pueden tener años de datos acumulados, que son valiosos para el nuevo proyecto de base de datos. La identificación de los sistemas existentes implica rastrear el flujo de datos desde esos sistemas hasta la nueva base de datos. Por ejemplo, en una empresa de ventas, los datos de los clientes pueden provenir de un sistema CRM (*Customer Relationship Management*) existente.

7.2.3 Fuentes externas

Además de las fuentes internas, es importante tener en cuenta las fuentes de datos externas. Estas fuentes pueden incluir proveedores externos, socios comerciales o incluso datos de fuentes públicas. Por ejemplo, una empresa de logística puede obtener información sobre las condiciones meteorológicas y del tráfico de fuentes externas para mejorar la planificación de rutas y entregas. La identificación de estas fuentes implica establecer acuerdos de acceso y comprender cómo se integran estos datos en el flujo de información de la organización.

7.2.4 Ejemplo: Sistema de reserva de vuelos

Considere un ejemplo práctico de identificación de fuentes de datos, en el contexto de un sistema de reserva de vuelos en línea. Las fuentes de datos podrían incluir lo siguiente:

- **Introducción manual de datos**: los usuarios introducen los datos de su vuelo, como las fechas de viaje y los destinos, a través de un formulario en el sitio web.
- **Sistemas existentes**: la aerolínea ya cuenta con una base de datos de vuelos y asientos disponibles, que se utiliza para proporcionar información actualizada sobre la disponibilidad de vuelos.
- **Fuentes externas**: el sistema se integra con fuentes externas, como los sistemas de control de tráfico aéreo, para obtener información en tiempo real sobre los horarios y retrasos de los vuelos.

La identificación de estas fuentes de datos permite al equipo de desarrollo comprender cómo se recopilan e integran los datos lo que, a su vez, influye en el diseño y la funcionalidad del sistema de reserva de vuelos.

7.3 Seguimiento del enrutamiento y transformación de datos

Una vez que hemos identificado las fuentes y definido los flujos al diseñar una base de datos, el siguiente paso crítico es realizar un seguimiento del enrutamiento y la transformación de datos. Esta fase se centra en el seguimiento de cómo fluyen los datos a través del sistema, desde su origen hasta su destino y cómo sufren transformaciones y cambios en el camino. El objetivo es tener una visión completa de cómo fluye y se adapta la información a lo largo del proceso, lo cual es esencial para garantizar una gestión eficiente de los datos y la funcionalidad del sistema. En esta sección, exploraremos con más detalle cómo realizar el seguimiento de movimiento y la transformación de datos, y proporcionaremos ejemplos del mundo real para ilustrar este proceso.

7.3.1 Mapeo del enrutamiento de datos

El primer paso para rastrear el movimiento de datos es mapear las rutas que siguen los datos desde su origen hasta su destino. Esto implica los siguientes puntos:

- **Identificar los puntos de entrada y salida**: consiste en determinar dónde entran los datos al sistema y dónde salen del sistema. Por ejemplo, en un sistema de gestión de inventario, los datos se pueden introducir en el almacén a través de un escáner de código de barras y generarse como informes de inventario.
- **Determinar las rutas de comunicación**: identificar cómo se transfieren los datos entre sistemas o componentes. Esto puede incluir conexiones de red, interfaces de usuario o servicios web.

7.3.2 Ejemplo: sistema de gestión de pedidos en línea

Considere un ejemplo práctico de seguimiento de movimiento y transformación de datos, en un sistema de gestión de pedidos en línea. En este sistema, los datos de los pedidos de los clientes fluyen desde la entrada del pedido hasta la entrega del producto. El seguimiento podría incluir lo siguiente:

- **Fuente de datos**: los clientes introducen los detalles de su pedido a través de una interfaz de usuario en línea.
- **Ruta de datos**: los detalles del pedido se transmiten a través de una conexión segura a un servidor central de pedidos.
- **Transformación de datos**: en el servidor, los datos se transforman validando la disponibilidad de los productos, calculando el total del pedido y asignando un número de seguimiento.
- **Entrega de datos**: una vez completada la transformación, los datos del pedido se envían a un sistema de gestión de inventario para actualizar el stock y a un sistema de envío para su entrega al cliente.

Observación

El seguimiento de movimientos y la transformación de datos permiten al equipo de desarrollo comprender cómo se procesan los pedidos, desde la entrada inicial del cliente hasta la entrega final, lo que garantiza una gestión de la información eficiente y precisa.

7.4 Identificación de los destinos de datos

En la fase de diseño de una base de datos, la identificación de los destinos de los datos es un aspecto fundamental, que tiene como objetivo determinar dónde se utilizará o almacenará la información al final de su recorrido por el sistema. Comprender claramente estos puntos finales es clave para diseñar una base de datos que satisfaga las necesidades de la organización y garantice que los datos estén disponibles en los lugares correctos. A continuación, ampliaremos este proceso y proporcionaremos ejemplos del mundo real para ilustrar cómo se identifican eficazmente los destinos de datos.

7.4.1 Bases de datos

Uno de los destinos de datos más comunes es una base de datos. Aquí es donde los datos se almacenan de forma estructurada, organizados en tablas con campos específicos. Por ejemplo, en un sistema de gestión de recursos humanos, los detalles de los empleados se almacenan en una base de datos de empleados. La identificación de bases de datos implica reconocer qué datos se almacenan en cada base de datos y cómo se relacionan entre sí.

7.4.2 Aplicaciones

Los datos también se utilizan en diversas aplicaciones para realizar funciones específicas. La identificación de destinos de datos en las aplicaciones implica comprender cómo se integran los datos en el flujo de trabajo de la aplicación y se presentan a los usuarios. Por ejemplo, en una aplicación de seguimiento de gastos, los datos de transacciones se utilizan para generar informes detallados para los usuarios.

7.4.3 Informes y análisis

Otro destino importante para los datos son los informes y el análisis. Los datos se utilizan para generar informes que proporcionan información clave para la toma de decisiones.

Identificar a dónde van los datos en los informes implica comprender qué datos se usan para generar informes y cómo se presentan esos informes. Por ejemplo, en un negocio de comercio electrónico, se pueden generar informes mensuales de ventas a partir de los datos de las transacciones.

7.4.4 Almacenamiento a largo plazo

Algunos datos se deben conservar a largo plazo para cumplir con los requisitos legales o reglamentarios. La identificación de destinos de datos a largo plazo implica determinar dónde se archivarán los datos y cómo se conservarán a lo largo del tiempo.

Por ejemplo, los registros financieros de una empresa se pueden archivar en un sistema de almacenamiento a largo plazo para cumplir con las regulaciones fiscales.

7.4.5 Ejemplo: sistema de gestión de inventario

Considere un ejemplo práctico de identificación de destinos de datos en un sistema de gestión de inventario. Los destinos de datos pueden incluir lo siguiente:

- **Base de datos de inventario**: aquí es donde se almacenan los detalles del producto, las cantidades de inventario y los registros de movimiento de inventario.
- **Aplicación de ventas**: aquí es donde se utilizan los datos de inventario para verificar la disponibilidad del producto y cumplir con los pedidos de los clientes.
- **Informes de inventario**: se generan informes periódicos que muestran el estado actual de las existencias, los productos agotados y las tendencias de los movimientos de las existencias.
- **Almacenamiento a largo plazo**: algunos datos de inventario, como los registros históricos de movimientos de inventario, se pueden archivar para cumplir con los requisitos de auditoría.

7.5 Documentación y modelado

Una fase crítica en el proceso de diseño de bases de datos es la documentación y el modelado de los flujos de datos. Este paso se centra en la creación de documentación detallada que describa cómo se mueven, transforman y utilizan los datos en el sistema. Además, el modelado de datos permite representar visualmente la estructura de la base de datos y las relaciones entre entidades. Ambos aspectos son esenciales para garantizar una comprensión clara y precisa de la información y sirven de referencia a lo largo del ciclo de vida de la base de datos. En esta sección, analizaremos en profundidad cómo realizar el modelado de datos y la documentación, y proporcionaremos ejemplos de herramientas de modelado de bases de datos.

7.5.1 Documentación detallada

La documentación detallada es una parte esencial para comprender y comunicar cómo se administran los datos en el sistema. Esto incluye lo siguiente:

- **Diccionario de datos**: se trata de un diccionario que describe cada campo de datos, su significado, tipo de datos, restricciones y reglas de negocio asociadas. Por ejemplo, en un sistema de recursos humanos, el diccionario de datos puede especificar que el campo "Fecha de contratación" es de tipo fecha y no puede ser anterior a la fecha de nacimiento del empleado.
- **Flujos de datos**: los flujos de datos son diagramas que representan visualmente cómo los datos se mueven desde su origen hasta su destino a través de procesos y transformaciones. Estos diagramas muestran las rutas de datos y las interfaces utilizadas para la transferencia. Por ejemplo, un diagrama de flujo de datos podría mostrar cómo se transfieren los datos del cliente introducidos en una tienda online al sistema de gestión de pedidos.
- **Reglas de negocio**: es la documentación que detalla las reglas y restricciones que se aplican a los datos. Estas reglas pueden incluir políticas de acceso, validaciones de datos y requisitos de retención. Por ejemplo, una regla de negocio podría indicar que solo los gerentes tienen acceso a los datos salariales de los empleados.

7.5.2 Modelado de datos

El modelado de datos implica la representación visual de la estructura de la base de datos y las relaciones entre entidades. Esto se logra mediante el uso de modelos de datos, que incluyen:

- **Diagramas entidad-relación (ER)**: se trata de representaciones gráficas que muestran entidades (tablas) y las relaciones entre ellas. Por ejemplo, en un diagrama ER, podemos mostrar cómo las tablas Cliente y Pedido están vinculadas a través de una clave externa.
- **Modelo de datos relacional**: un modelo de datos relacional es una representación más detallada que incluye la definición de tablas, campos, claves primarias y foráneas, y restricciones de integridad referencial. Por ejemplo, en un modelo relacional, podríamos especificar que la tabla de productos tenga un campo id_producto como clave principal.

7.5.3 Ejemplo: herramientas de modelado de bases de datos

La documentación y el modelado de bases de datos se benefician de herramientas especializadas. Estas son algunas de las herramientas más populares:

- **Microsoft Visio**: Microsoft Visio es una herramienta versátil de modelado de bases de datos que permite crear de forma intuitiva diagramas de flujo de datos y representaciones visuales de las estructuras de las bases de datos. Esta aplicación, que forma parte de la suite de Microsoft Office, ofrece una variedad de plantillas y símbolos para diseñar de manera eficiente diagramas entidad-relación (ER) y diagramas de flujo de datos. Sus capacidades de colaboración facilitan el trabajo en equipo y la comunicación de conceptos complejos, relacionados con bases de datos. Visio se utiliza ampliamente en entornos empresariales y académicos para visualizar y documentar la arquitectura de bases de datos.

- **Lucidchart**: Lucidchart es una plataforma en línea que simplifica el modelado de bases de datos y la creación de diagramas de flujo de datos. A través de una interfaz web, permite a los usuarios colaborar en tiempo real en la creación de diagramas ER y diagramas de flujo de datos, lo que facilita la comunicación y la planificación de proyectos de bases de datos. Lucidchart ofrece una amplia variedad de plantillas y herramientas de diseño, lo que lo convierte en una opción accesible y versátil para profesionales y equipos que desean visualizar y documentar la estructura de sus bases de datos de una manera eficiente y sencilla.
- **MySQL Workbench**: MySQL Workbench es una herramienta diseñada específicamente para el modelado de bases de datos relacionales, con un enfoque en los sistemas de gestión de bases de datos MySQL. Proporciona una interfaz gráfica intuitiva para diseñar esquemas de bases de datos, crear tablas y definir relaciones entre ellas. Además de sus capacidades de diseño, MySQL Workbench permite generar scripts SQL a partir de modelos de datos, lo que simplifica la implementación de la base de datos. Esta herramienta es valiosa para los profesionales que trabajan con bases de datos MySQL, ya que agiliza el proceso de diseño y gestión de bases de datos relacionales.
- **ERwin**: ERwin es una herramienta avanzada de modelado de bases de datos centrada en la creación de modelos detallados y complejos para bases de datos empresariales. Ofrece una amplia gama de funciones, como la generación de esquemas, la gestión de metadatos y la colaboración en equipo. ERwin es particularmente útil en entornos empresariales donde se administran bases de datos grandes y complejas. Permite a los profesionales de bases de datos diseñar, documentar y administrar bases de datos con un alto grado de precisión y sofisticación. Su enfoque en la gestión de metadatos y la generación de scripts SQL lo convierte en una poderosa herramienta para diseñadores y administradores de bases de datos.

- **DbSchema**: DbSchema es una herramienta utilizada para el modelado de bases de datos que permite realizar el modelado a diferentes niveles de abstracción, a través del modelo lógico y teniendo la capacidad de crear bases de datos directamente a través de la herramienta. A lo largo de este libro, podremos ver diferentes ejemplos de cómo usar DbSchema y es recomendable que lo instales para familiarizarte con su uso.

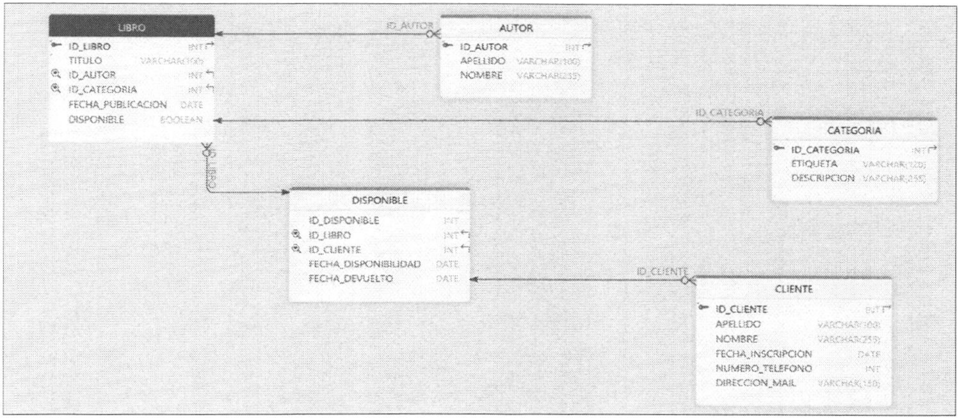

Capítulo 3
Modelado de datos

1. Introducción

En este capítulo aprenderemos cómo modelar una base de datos, a través de los pasos que componen este proceso.

Definiremos los diferentes elementos de la vida real que queremos modelar, pasando por una revisión de sus propiedades y los diferentes modelos de representación.

Proporcionaremos una introducción a NoSQL, que proporciona un método alternativo a las bases de datos SQL tradicionales. La elección entre el uso de NoSQL o SQL se debe hacer en esta etapa del diseño de la base de datos.

Se introducirán métodos de modelado de datos y veremos las diferencias entre los distintos modelos, en función de la información que queramos representar.

Por último, presentaremos una herramienta de modelado de bases de datos: DbSchema.

2. ¿Qué es el modelado de datos?

En los capítulos anteriores, definimos qué es una base de datos, qué tipos de bases de datos existen y cómo podemos realizar un análisis de necesidades para identificar correctamente la base de datos que se va a crear.

El siguiente paso es el modelado, pero ¿qué es el modelado? Una definición formal podría ser la siguiente: en el diseño de un sistema de información, el modelado de datos consiste en el análisis y diseño de la información contenida en el sistema, con el fin de representar la estructura de esta información y estructurar su almacenamiento y procesamiento informático.

No existe una única forma de modelar una base de datos, pero sí existen diferentes técnicas que serán más o menos adecuadas para realizar esta acción. De la misma manera que para representar los planos de un edificio no utilizamos las mismas técnicas de representación que para diseñar un vehículo antes de que se construya, existen diferentes tipos de bases de datos que requieren la aplicación de las técnicas de modelado adecuadas.

Por ejemplo, supongamos que queremos modelar la base de datos de una biblioteca. Suponemos que ya hemos hecho el análisis anterior, por lo que por ahora nos centraremos solo en el modelado.

Nuestra base de datos BIBLIOTECA contendrá varios elementos, aquí podemos ver una versión inicial que utilizaremos durante el capítulo para continuar con un ejemplo.

Observación

Tenga en cuenta que hemos utilizado deliberadamente BIBLIOTECA y no Biblioteca o biblioteca. Por convención, los nombres se usan generalmente en mayúsculas al definir los nombres de entidades, atributos, relaciones, etc. Y no se usan acentos ni espacios. Esto es para evitar futuros problemas a la hora de integrar datos en programas informáticos. Este es solo el caso de los nombres de objetos, pero el contenido de los datos puede contener este tipo de carácter.

Nuestra base de datos contiene libros, con una serie de atributos (título, autor, categoría, fecha de publicación, y un indicador de si el libro está disponible o no.

Contiene autores, con otros atributos (su nombre y apellido).

El modelado de la base de datos nos permitirá concretar los elementos que se crearán en la base de datos, lo cual será más detallado posteriormente cuando avancemos en los diferentes estados del diseño de la base de datos.

En este caso, podemos identificar dos entidades (LIBRO y AUTOR), con una relación entre ellas. Una representación gráfica de este modelo sería la siguiente:

3. Tipos de modelado de datos

Existen diferentes tipos de modelado de datos, aquí enumeramos los principales.

3.1 Modelo conceptual de datos

El objetivo del modelado conceptual de datos (MCD) es desarrollar un plan preliminar que podamos detallar más adelante, con el objetivo de definir los diferentes elementos que compondrán nuestra base de datos.

La función del modelo conceptual de datos es proporcionar una perspectiva centrada en los datos sobre cómo se relacionarán los diferentes elementos entre sí, de forma conceptual.

Para realizar este modelado de datos, lo primero es hacernos una serie de preguntas desde un punto de vista funcional:

– ¿Qué datos queremos almacenar?

– ¿Cómo se relacionan estos datos entre sí?

Un ejemplo de modelo conceptual de datos sería el siguiente:

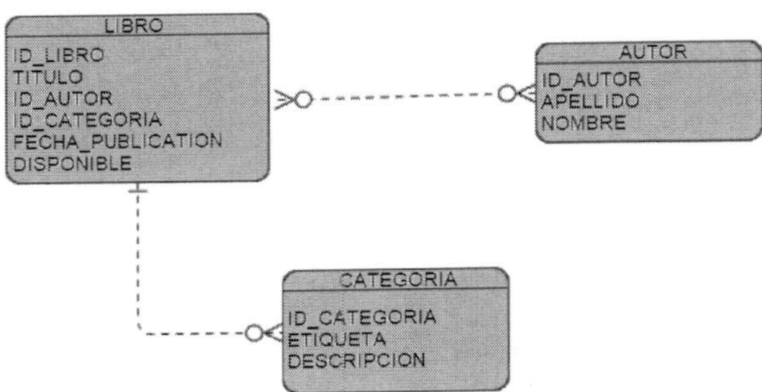

Este tipo de relaciones nos permitirán definir, de forma lógica, cómo se organizará la información en nuestra base de datos. Por ejemplo, defina que un libro puede pertenecer a una sola categoría, pero que una categoría puede estar asociada a varios libros o a ninguno.

3.2 Modelo lógico de datos

El modelo lógico de datos (MDL) es un modelo que no es específico de una base de datos en particular y describe aspectos relacionados con las propiedades, relaciones, propiedades y atributos de cada entidad.

En este capítulo discutiremos este modelo lógico en profundidad, podemos quedarnos con la idea principal de que el modelo lógico está representado por entidades y atributos, cada uno con sus propias propiedades. También estudiaremos las relaciones entre atributos.

Podemos ver un ejemplo de este tipo de modelo en el siguiente diagrama:

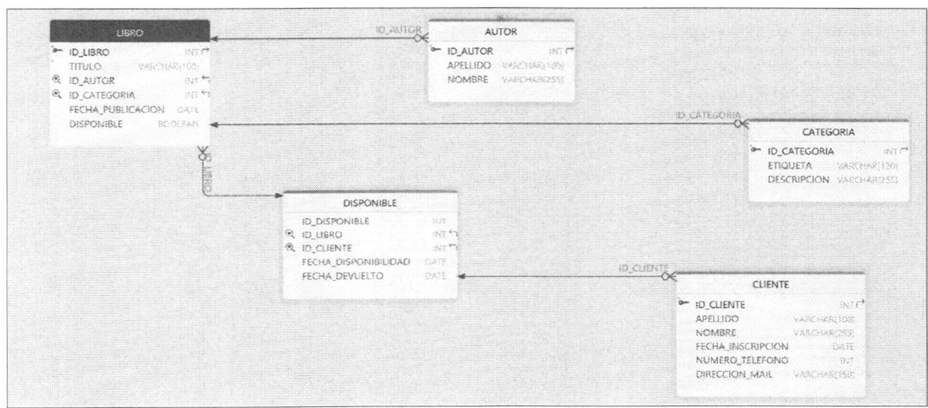

Observación

El modelo lógico de datos es una extensión del modelo de datos conceptual, pero más detallado.

3.3 Modelo físico de datos

El modelo físico de datos es el último paso en el modelado de bases de datos.

Este tipo de modelo de base de datos toma los diferentes elementos que modelamos anteriormente y los representa como objetos de base de datos. Por ejemplo, en el caso de las bases de datos relacionales más utilizadas en la actualidad, como Oracle o Postgres, una entidad se representaría como una tabla y un atributo se representaría como una columna.

Observación

En este libro, no hablaremos de este tipo de modelado, ya que nos centraremos en modelar una base de datos desde un punto de vista genérico y no en el caso particular de cada software de base de datos.

Un ejemplo de un esquema sería el siguiente:

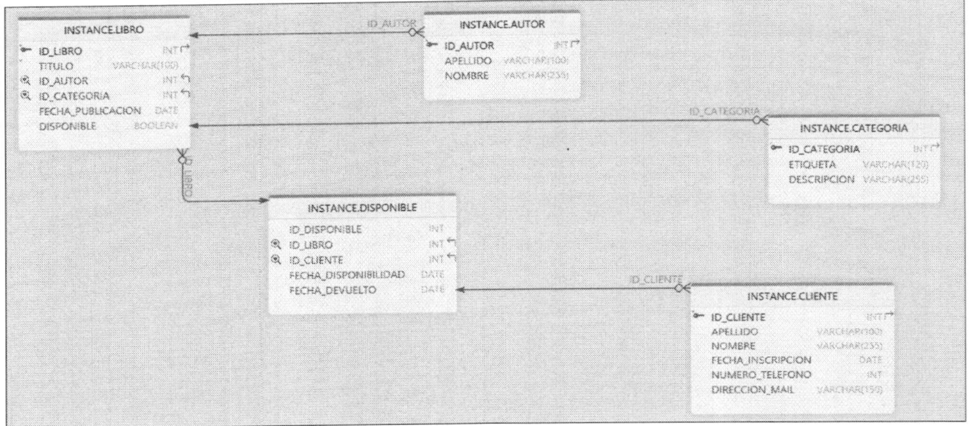

Por otro lado, existen diferentes técnicas para realizar el modelado de bases de datos. Enumeremos algunos ejemplos.

3.4 Técnicas de modelado

3.4.1 Modelo jerárquico de datos

El modelo jerárquico organiza los datos como si de un árbol se tratara. Hay un nodo superior llamado raíz y, a partir de este nodo, se generan diferentes ramas con elementos.

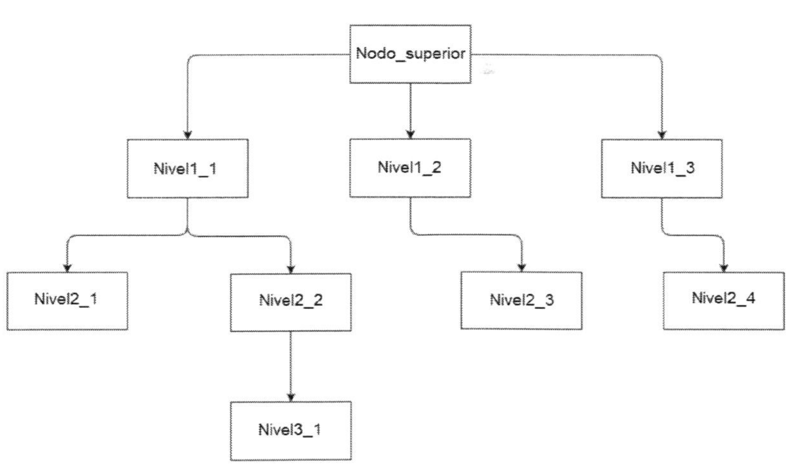

3.4.2 Modelo relacional de datos

El modelo relacional es el tipo de modelo de base de datos que exploraremos con más profundidad a lo largo de este capítulo.

Este tipo de modelo de base de datos se basa en el estudio de las relaciones entre los componentes de la base de datos y permite una visualización clara de cómo se relacionan las entidades entre sí.

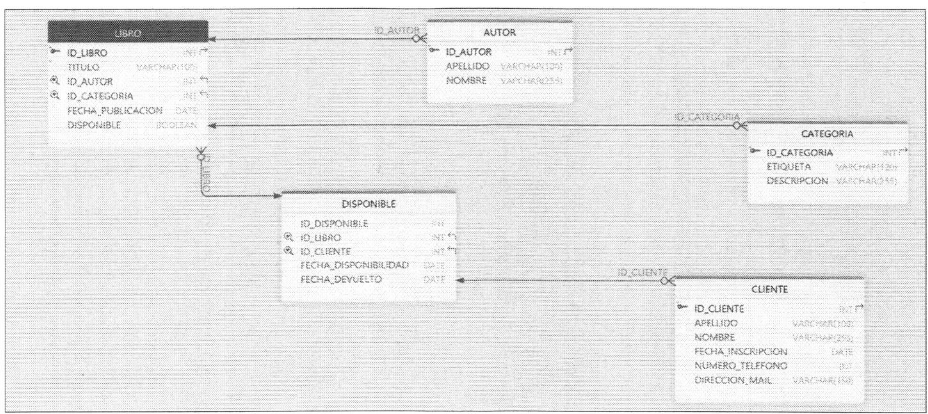

3.4.3 Modelo entidad-asociación

El modelo entidad-asociación se basa en la existencia de entidades y detalla la asociación entre ellas.

Este modelo es una extensión del modelo relacional donde, en cada relación, se añade una descripción desde un punto de vista funcional, explicando cuál es su finalidad.

Un ejemplo de este modelo sería el siguiente:

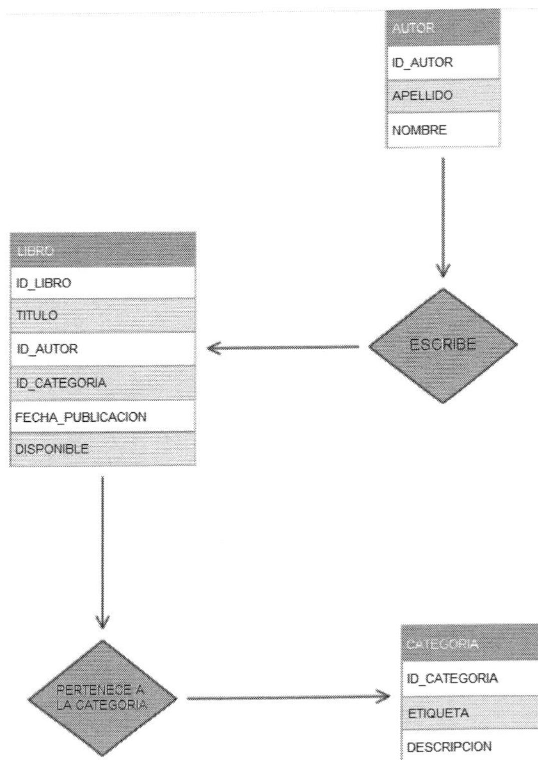

3.4.4 Modelo orientado a objetos

Este patrón define una base de datos como si fuera una colección de objetos que, a su vez, tienen elementos reutilizables y métodos asociados. Una base de datos orientada a objetos almacena datos complejos sin asignar filas ni columnas, lo que es más adecuado para aplicaciones que procesan datos muy complejos.

Este tipo de modelo hereda la estructura clásica de programación orientada a objetos, que es muy utilizada en lenguajes de programación como Java.

Una representación de este tipo de modelo de base de datos sería la siguiente:

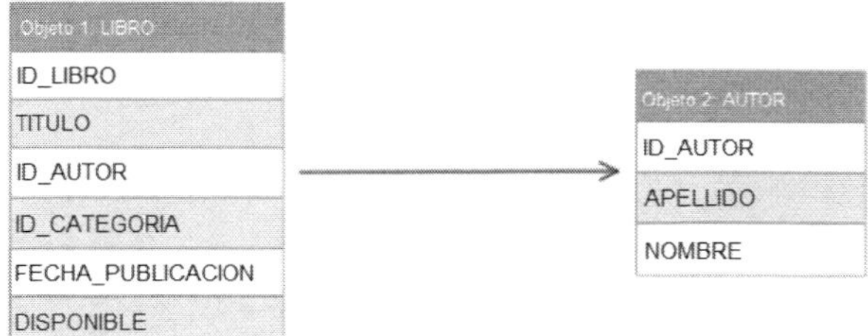

3.4.5 Modelo dimensional

El modelo dimensional de los datos se basa en el principio de que hay diferentes dimensiones en nuestra base de datos, que debemos tener en cuenta a la hora de diseñarla o representarla.

Este tipo de modelado se utiliza en casos concretos, como el análisis de negocio desde diferentes perspectivas.

Un ejemplo de una base de datos comercial que utiliza este modelo de datos dimensionales es Oracle OLAP.

Podemos ver en la siguiente imagen un modelo de datos dimensionales:

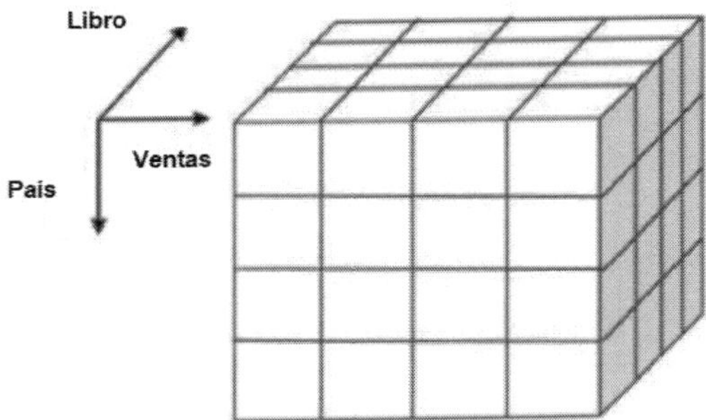

4. Pasos para modelar una base de datos

El proceso de modelado de una base de datos es claro e identificado y sigue un conjunto de pasos, que se repiten hasta que se crea la base de datos. Estos son los pasos a seguir.

4.1 Paso 1: Identificar las entidades y sus atributos

4.1.1 Entidades

Para comenzar a modelar nuestra base de datos, lo primero que debemos hacer es obtener los requisitos previos que determinan qué información queremos almacenar.

Observación

Un requisito previo es una condición que se debe cumplir o una característica necesaria de un sistema o software. En nuestro caso, se trata de una base de datos.

Una entidad es una cosa o persona en el mundo real. Puede ser un elemento tangible, como un libro o un estudiante, pero también puede ser un concepto abstracto, como "Calificación".

Por lo tanto, la primera acción que debemos realizar para modelar nuestra base de datos es pensar en las entidades que queremos que almacene.

Ahora vamos a poner un ejemplo práctico y empezar a modelar la base de datos de nuestra biblioteca. La pregunta que debemos hacernos ahora es: ¿cuáles son las entidades que queremos almacenar en la biblioteca?

Por el momento, no vamos a entrar en detalle sobre las mejores técnicas para modelar estas entidades, ni vamos a ver cómo crearlas de una manera práctica, simplemente vamos a pensar y escribir cuáles son las entidades que necesitamos crear.

Podemos identificar la necesidad de crear las siguientes entidades:

- LIBRO: en esta entidad, almacenaremos la lista de libros que tenemos en nuestra biblioteca, así como la información que se puede utilizar para su clasificación o identificación.
- AUTOR: esta entidad contiene información sobre los autores. Hay que tener en cuenta que un autor puede haber escrito varios libros, pero debe haber escrito al menos uno para ser considerado autor, al menos así será en nuestra base de datos.
- CATEGORIA: esta entidad abstracta no define un objeto físico, como un libro, ni una persona, como un autor, sino que define un concepto abstracto como la categoría del libro. Esto es así porque en nuestra base de datos BIBLIOTECA queremos agrupar los diferentes libros que tienen una serie de características similares y, por lo tanto, consideramos que pertenecen a la misma categoría.

- CLIENTE: en esta entidad almacenaremos información sobre los clientes de la biblioteca, que son los usuarios que tomarán prestados los libros.
- PREPARADO: por último, el objetivo de nuestra biblioteca es proporcionar a los clientes una serie de libros que puedan tomar prestados. La información sobre estos préstamos necesitará de su propia entidad para persistir.

4.1.2 Atributos de entidad

Ahora que hemos identificado las diferentes entidades en nuestra biblioteca, vamos a necesitar asignar una serie de atributos a esas entidades. Los atributos son los detalles que queremos que tenga nuestra entidad. Cada uno de los atributos que vamos a establecer en las entidades, estará compuesto por datos que queremos almacenar para una entidad específica.

Primero tenemos que explicar algunos conceptos teóricos que nos ayudarán a definir el resto de conceptos.

Un atributo tiene un nombre, que convencionalmente escribiremos en mayúsculas, sin espacios ni caracteres especiales, como el apóstrofe o el signo del dólar.

Existen diferentes tipos de atributos, dependiendo de la información que queramos almacenar. Los sistemas de gestión de bases de datos en el mercado proporcionan diferentes implementaciones de estos atributos y puede haber diferencias entre ellos, sin embargo, los principales tipos de atributos genéricamente son:

- NUMERICO: almacena un valor numérico, por lo que no podemos almacenar texto. Este valor se puede utilizar de forma optimizada para cálculos matemáticos. Por ejemplo, si queremos obtener la suma de todos los valores de un atributo numérico, podemos hacerlo fácilmente, ya que sabemos que el valor que buscamos siempre es numérico y no alfanumérico.
- TEXTO: este atributo almacena texto, que se interpretará como una secuencia de caracteres en la que, opcionalmente, también puede haber caracteres numéricos. Sin embargo, si almacenamos caracteres numéricos en un atributo similar a un texto, esos caracteres se identificarán como texto y no como valores numéricos, por lo que, si queremos incrustar estos valores en un campo matemático, tendremos que hacer alguna manipulación antes de usarlos.

- FECHA: este atributo almacena una fecha, que se puede utilizar más adelante para fórmulas específicas, como el cálculo de la diferencia entre una fecha de inicio y una fecha de finalización.
- BOOLEANO: un atributo booleano solo puede contener dos valores, verdadero o falso. Opcionalmente, también puede estar vacío si nuestro atributo lo permite.

Un ejemplo facilita la comprensión de este concepto. Continuaremos modelando nuestra base de datos BIBLIOTECA, definiendo los atributos de las características que definimos anteriormente.

Para la entidad LIBRO, los atributos que definiremos serán los siguientes:

- ID_LIBRO: será de tipo numérico y almacenará un valor que nos permitirá identificar de forma única un libro.
- TITULO: este es el título del libro y, por lo tanto, será un valor de tipo texto.
- ID_AUTOR: usaremos este atributo para definir quién es el autor del libro. Aquí introducimos el concepto de relación, que veremos con más detalle en breve. Pero podemos predecir que, en lugar de almacenar el nombre del autor, almacenaremos su identificador para almacenar los datos del autor en otra entidad.
- ID_CATEGORIA: la categoría a la que pertenece el libro está vinculada a una entidad que describiremos más adelante.
- FECHA_PUBLICACION: este atributo de fecha indica cuándo se publicó el libro.
- DISPONIBLE: un atributo booleano, que simplemente nos informará si el libro está disponible o no.

Para la entidad AUTOR, definimos los siguientes atributos:

- ID_AUTOR: este campo también será numérico. Empezamos a ver un factor común: para cada entidad, existe la necesidad de definir un atributo de tipo ID y, por normalización, (concepto que veremos más adelante) decidimos llamarlo ID_NOM_ENTIDAD.
- NOMBRE: de tipo texto.
- APELLIDO: de tipo texto.

Para la entidad CATEGORIA, definimos los siguientes atributos:

- ID_CATEGORIA: de tipo numérico.
- ETIQUETA: el nombre de la categoría, de tipo texto.
- DESCRIPCION: un atributo similar a un texto, que nos dará una descripción más detallada de la categoría. En la siguiente sección, veremos cuáles son las diferentes propiedades que podemos establecer para un atributo pero, por ahora, podemos quedarnos con la idea de que ETIQUETA es un atributo de tipo texto corto, que usaremos simplemente para almacenar el nombre de la categoría. Por otro lado, DESCRIPCION nos permitirá almacenar un mayor número de caracteres con una frase que nos permita describir la categoría.

Para la entidad CLIENTE, definimos los siguientes atributos:

- ID_CLIENTE: como siempre, de tipo numérico.
- NOMBRE: de tipo texto.
- APELLIDO: de tipo texto.
- FECHA_INSCRIPCION: la fecha en que el cliente se inscribió en el sistema. Es un atributo de tipo fecha.
- NUMERO_TELEFONO: de tipo numérico. Al ser de tipo numérico, esto nos limitará a almacenar solo dígitos y, en el caso de un teléfono, no podremos utilizar el carácter +. Por ejemplo, para establecer un número de teléfono extranjero, usamos un prefijo, como +33 para Francia o +34 para España. Si queremos que nuestro sistema sea capaz de almacenar este tipo de caracteres, entonces nuestro atributo de teléfono debe ser de tipo texto. Ese es el tipo de elección que tiene que hacer en esta etapa del diseño.

Observación

Tenga en cuenta que si almacenamos datos numéricos, almacenar un 0 delante de ellos puede ser un problema. Si queremos que nuestros números de teléfono puedan comenzar con 0, entonces esta puede ser otra razón para almacenar la información en un campo de tipo texto.

- DIRECCION_MAIL: es de tipo texto y almacena el correo electrónico del cliente.

Por último, para la entidad PREPARADO, crearemos los siguientes atributos:

- ID_PREPARADO: de tipo numérico.
- ID_LIBRO: de tipo numérico que almacena el ID del libro que se ha tomado prestado.
- ID_CLIENTE: de tipo numérico. Esto nos permitirá almacenar el ID del cliente que realizó el préstamo.
- FECHA_PREPARADO: atributo de tipo fecha, que registra la fecha en que se realizó el préstamo.
- FECHA_DEVUELTO: atributo de tipo fecha, que registra la fecha en que se devolvió el libro.

4.1.3 Propiedades de los atributos

Los atributos que explicamos anteriormente para cada una de las entidades se han definido de forma genérica. A continuación, vamos a definir una serie de propiedades que serán necesarias para poder modelar correctamente nuestra base de datos.

Observación

Tenga en cuenta que las propiedades sobre los atributos que se van a describir a continuación son solo las propiedades principales, hay muchas otras para satisfacer necesidades específicas.

- **Clave primaria**: este es un elemento muy importante en el atributo de una entidad. Determina cuál es el índice de la entidad, por lo que el atributo establecido como clave principal tendrá una serie de propiedades:
  - La clave principal es única. No hay dos elementos que puedan tener el mismo valor de clave principal. Por este motivo, hemos utilizado un ID numérico para todas nuestras entidades, con el fin de poder asignarle la propiedad de clave primaria a posteriori y poder asegurar su unicidad.
  - La clave principal no acepta valores nulos. Una clave principal no puede contener valores vacíos, por lo que un campo que puede estar vacío no se debe usar como clave principal.
  - Una clave principal puede estar compuesta por varios campos. Este es un uso avanzado de la clave principal, pero una clave principal se puede crear como una combinación de dos atributos. Por ejemplo, si en lugar de usar el campo ID_CLIENTE como clave principal en la entidad CLIENTE, consideramos que la clave principal es la combinación de los campos NOMBRE y APELLIDO, esto nos permitirá usar esa combinación como clave principal sin necesidad de crear un atributo adicional. El problema con esta acción es que no nos permitirá crear un cliente con el mismo nombre y apellido otro ya existente, un caso que puede suceder en el mundo real. Así que tomamos la decisión de utilizar un identificador externo.
  - Una clave foránea puede hacer referencia a un atributo con la propiedad de clave principal, aunque esta no es una condición necesaria. Podemos tener una clave primaria que no sea utilizada por ninguna clave foránea.

Observación

A pesar de que se puede tener una clave primaria asociada a varios atributos, esta no es una buena práctica, como veremos en el capítulo Normalización de datos. En un intento de estandarizar nuestra base de datos, deberíamos tener claves primarias asociadas a un solo atributo, aunque en teoría podemos tener una clave primaria asociada a múltiples atributos.

- **Clave foránea**: la clave foránea está directamente vinculada a la clave principal. Veremos esto con más detalle en el Paso: 2: identificar las relaciones entre las entidades pero, por ahora, nos quedamos con las siguientes propiedades:
  - La clave foránea está vinculada al atributo de una entidad que tiene una clave principal.
  - No se puede asignar un valor de clave foránea si el valor correspondiente no existe en el atributo correspondiente a la clave principal.
  - Por lo tanto, por extensión, un atributo con la propiedad de clave foránea no puede ser NULL, ya que no puede haber ningún atributo con la propiedad de clave principal que sea NULL.

Observación

Analizaremos el impacto de la clave principal y la clave foránea con más detalle en la siguiente sección.

- **Valor predeterminado**: esta propiedad define cuál será el valor predeterminado de un atributo cuando guardemos datos en nuestra entidad. El valor por defecto es NULL, pero podemos asignar otro valor por defecto si queremos. Por ejemplo, para nuestra entidad LIBRO, para nuestro atributo DISPONIBLE, podemos establecer el valor predeterminado en TRUE. Es decir, cuando creamos una nueva entrada en la base de datos, suponemos que el libro estará disponible, ya que lo acabamos de crear. Esta es una decisión de diseño.
- **Valor obligatorio**: habilitar la propiedad de valor obligatorio en un atributo obliga a que ese atributo tenga un valor cuando guardamos datos. Por ejemplo, en el caso de nuestra entidad AUTOR, podemos solicitar que los atributos NOMBRE y APELLIDO tengan habilitada la propiedad de valor obligatorio y, por lo tanto, si intentamos registrar en nuestra base de datos a un autor que no tiene nombre y/o apellido, el registro será rechazado.

- **Longitud**: la longitud es una propiedad que tiene sentido en los atributos de tipo texto. Permite definir el número máximo de caracteres que puede tener un valor almacenado en este atributo. Por ejemplo, para nuestra entidad CLIENTE, debemos tener en cuenta que el atributo DIRECCION_MAIL debe ser lo suficientemente largo como para poder almacenar correos electrónicos largos, pero nadie tiene un correo electrónico de 1000 caracteres, por lo que tal vez una longitud de 50 o 100 caracteres sea apropiada.
- **Precisión**: la precisión es una propiedad que se aplica a los atributos numéricos. Esta propiedad determina esencialmente cuántos dígitos enteros y decimales queremos usar para almacenar nuestros datos de este tipo.

4.2 Paso 2: identificar las relaciones entre entidades

Ahora que hemos definido los diferentes elementos a representar en nuestra biblioteca (entidades) y las características de estos elementos (atributos y sus propiedades), el siguiente paso en el modelado de nuestra base de datos será identificar las relaciones entre las entidades.

Ya tenemos una pequeña idea de cuáles son las diferentes relaciones entre las entidades, lo que nos permitió crear los diferentes identificadores en base a las relaciones que pudimos anticipar.

4.2.1 Relaciones

Una relación, como su nombre indica, se utiliza para definir el vínculo entre dos entidades. Las relaciones son un elemento importante en una base de datos. De hecho, las bases de datos SQL también se denominan bases de datos relacionales.

Observación

A pesar de que las bases de datos SQL a menudo se denominan "bases de datos relacionales", el uso de relaciones no es esencial para crear una base de datos. Podemos tener una base de datos con entidades y atributos y no tener relaciones entre ellos. Esto puede ser útil en algunos casos específicos, como en bases de datos de prueba o entrenamiento donde necesitamos recrear constantemente los objetos.

Para crear una relación entre dos entidades, necesitamos definir qué atributos forman parte de esa relación.

La relación entre la clave principal y la clave foránea es jerárquica y se representa de la siguiente manera:

En este caso, id_autor es la clave principal de la entidad AUTOR y tiene una relación padre-hijo con el id_autor de clave foránea de la entidad LIBRO.

Hay una serie de reglas a seguir respecto a las relaciones, que veremos con más detalle en el siguiente apartado de cardinalidades.

4.2.2 Cardinalidad

Hasta ahora, hemos visto cómo establecer una relación entre dos entidades y ahora, vamos a ver cómo las cardinalidades definen los detalles de una relación.

Los diferentes tipos de cardinalidad que existen son los siguientes:

- **Uno a uno (1,1)**: determina que un elemento que existe en el atributo de entidad de la primera entidad, solo existe una vez en su entidad secundaria. Por ejemplo, en nuestra base de datos BIBLIOTECA, podríamos tener una tabla LIBROS_DATOS_ANEXOS en la que añadiríamos datos auxiliares a cada libro que no está incluido en la tabla principal, por ejemplo, debido a su gran volumen de datos. En este caso, cada libro tendría una entrada correspondiente en su tabla de LIBROS_DATOS_ANEXOS, pero no tendría sentido que hubiera dos entradas LIBROS_ DATOS_ANEXOS para el mismo libro.

- **Uno a varios (1,n)**: la cardinalidad de uno a varios es el tipo más común de cardinalidad que se usa en el modelo de base de datos relacional. Esta cardinalidad indica que, para un elemento definido en un atributo determinado, puede haber varios elementos secundarios. Un claro ejemplo en nuestra base de datos BIBLIOTECA es la entidad CATEGORIA, donde varios libros pueden pertenecer a una categoría, pero un libro solo puede pertenecer a una categoría.
- **Varios a varios (n,n)**: este tipo de cardinalidad indica que uno o más elementos de la primera entidad están relacionados con uno o más elementos de la segunda entidad. Por ejemplo, si almacenamos las direcciones de nuestros clientes en una tabla diferente y la llamamos DIRECCION, entonces podríamos establecer una relación de muchos a muchos entre CLIENTE y DIRECCIÓN, ya que un cliente puede tener varias direcciones (en el caso de direcciones secundarias, por ejemplo) y, a su vez, una dirección puede ser compartida por varios clientes (este puede ser el caso de una pareja que ocupa la misma dirección).

Observación

Hay que tener en cuenta que, para relaciones en las que se utiliza n, este número n puede ser 0 si lo hemos definido así en nuestro modelo de base de datos. Es bastante común que haya datos padre que no tengan datos hijo. Por ejemplo, podría ser que, en nuestra entidad BIBLIOTECA, tengamos una categoría de tipo "Física Cuántica" pero no tengamos ningún libro asignado en este momento, esto no sería un problema. De lo contrario, no podríamos introducir un libro con la categoría "Física Cuántica" si no hubiéramos definido previamente esta categoría.

4.3 Paso 3: identificar la técnica de modelado de bases de datos

En este punto, necesitamos identificar la técnica que vamos a utilizar para modelar nuestra base de datos.

No existe una única forma de representar una base de datos, sino que la técnica que elijamos dependerá en gran medida de los aspectos que queramos destacar.

Hemos visto los tipos de técnicas de modelado de bases de datos anteriormente en este capítulo:

- modelado jerárquico de datos,
- modelado relacional de datos,
- modelado entidad-relación de datos,
- modelado de datos orientado a objetos,
- modelado dimensional de datos.

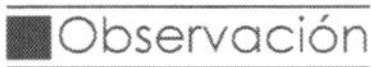

Tenga en cuenta que existen otras técnicas de modelado de bases de datos, estas son solo las principales.

4.4 Paso 4: optimización e iteración

El modelado de bases de datos no es una ciencia exacta, por lo que hay margen de mejora y optimización.

Además, el uso de una base de datos puede evolucionar con el tiempo o podemos identificar problemas en el futuro, que no se anticiparon en la fase de análisis.

Por eso, una vez que hayamos terminado de modelar nuestra base de datos, entraremos en la fase de optimización e iteración.

A continuación, veremos cada uno de estos dos pasos.

4.4.1 Optimización

Veremos cómo podemos optimizar el modelo de datos que hemos creado. Podemos abordar esta optimización desde dos ángulos.

La optimización funcional consiste en analizar desde un punto de vista de negocio, si el modelo de base de datos propuesto se corresponde con las necesidades que hemos sido capaces de anticipar.

En una organización, normalmente no hay una sola persona que tenga un conocimiento del negocio de toda la organización. Por lo tanto, con el fin de optimizar el modelo de base de datos que hemos diseñado, debemos requerir la validación por parte de las personas que pueden realizar una mejora en este modelo.

Estas personas pueden formar parte del equipo de gestión, los propietarios funcionales de la aplicación que utilizarán esta base de datos o usuarios expertos que utilizarán la base de datos.

Por ejemplo, en el caso de nuestra base de datos de BIBLIOTECA, podríamos concertar una reunión con el responsable de la biblioteca, que nos podría indicar que en la entidad CLIENTE también deberíamos anotar la dirección postal del cliente, ya que es un documento necesario por si fuera útil enviarle una carta o promociones.

Por otro lado, está la optimización técnica, que se lleva a cabo desde un punto de vista puramente informático, sin necesidad de conocer en detalle cómo se utiliza la base de datos.

Un ejemplo de mejora técnica, muy típico en este punto, podría ser la reducción del tamaño de los atributos de tipo texto. Normalmente, en el diseño de bases de datos, tendemos a asignar un valor alto a los atributos de tipo texto, pero debemos tener en cuenta que asignar un valor demasiado alto, hace que la base de datos ocupe más espacio y añade una lentitud adicional que a veces es innecesaria.

4.4.2 Iteración

Como regla general, y particularmente en informática, podemos definir la iteración como la acción de repetir un proceso varias veces.

En el campo de la optimización de modelos de bases de datos, esta optimización se debe llevar a cabo regularmente a lo largo del tiempo.

Una base de datos puede haber sido optimizada de manera muy efectiva el día en que fue diseñada pero, a medida que pasan los meses y los años, esa base de datos puede no ser tan efectiva. Las razones de esta pérdida de rendimiento pueden ser variadas.

Aumento del volumen de datos

Una base de datos tiende a crecer con el tiempo y es difícil predecir si el modelo que se ha creado evolucionará de forma óptima como esperábamos.

Por ejemplo, en nuestra base de datos BIBLIOTECA, es posible que tengamos una gran cantidad de libros a lo largo del tiempo, lo que provocará consultas lentas en la tabla LIBRO.

Una posible solución a este problema sería dividir la tabla en varios tipos, por ejemplo: LIBRO_TECNICO, LIBRO_FICCION, LIBRO_NOVELA etc. Esto nos permitiría distribuir la carga de trabajo entre las diferentes tablas y evitar sobrecargar el sistema.

Observación

Tenga en cuenta que, en este punto, estamos hablando de una tabla, no de una entidad. Esto se debe a que lo más probable es que los problemas de rendimiento se detecten en el modelo físico de la base de datos, es decir, una vez que la base de datos esté creada y operativa.

Observación

A pesar de que, gracias a la experiencia, podemos anticipar algunos de los problemas de rendimiento que nos encontraremos a lo largo de los años posteriores a la puesta en producción de la base de datos, no podemos anticipar todos ellos, por lo que es necesario realizar este proceso de forma iterativa como parte del mantenimiento de la base de datos.

Nuevos usos en la aplicación que utiliza esta base de datos

Al crear una base de datos, el objetivo suele ser tener una aplicación asociada que escribe datos en ella. Puede ser una aplicación creada específicamente para esa base de datos, una aplicación genérica o una existente que tenga acceso a varias bases de datos al mismo tiempo.

En cualquier caso, las necesidades del usuario pueden cambiar con el tiempo, por lo que hay que tener en cuenta que el modelo de base de datos que se diseñó puede requerir la creación de nuevas entidades, la adición o modificación de atributos, etc.

Por ejemplo, en nuestra base de datos BIBLIOTECA, asumimos que nuestra biblioteca solo almacena libros. Sin embargo, es posible que con el paso de los años la empresa evolucione y que además de prestar libros, también preste periódicos y revistas.

En este caso, no tendría sentido introducir información de periódicos y revistas en nuestra base de datos como si fueran libros, porque no es así. Necesitaremos crear nuevas entidades en el modelo lógico de la base de datos, que luego se convertirán en tablas en su modelo físico para acomodar las nuevas características requeridas.

Observación

No hay que olvidar que las bases de datos se diseñan con un fin y están al servicio de los usuarios que las utilizan. Las necesidades de estos últimos pueden cambiar con el tiempo, por lo que las bases de datos deben ser capaces de adaptarse a las nuevas necesidades de los usuarios.

5. SQL frente a NoSQL

En este tema, veremos las diferencias entre SQL y NoSQL y cómo esta diferencia puede ser de vital importancia a la hora de definir qué modelo usar.

SQL significa literalmente *Structured Query Language* (lenguaje de consulta estructurado). Ha sido el lenguaje de base de datos más utilizado durante muchos años y se ha implementado como estándar.

Observación

A lo largo del libro, nos referiremos de forma independiente a las bases de datos SQL como bases de datos relacionales. Esto se debe a que, en general, las bases de datos SQL son relacionales y SQL se ha establecido como una nomenclatura estándar.

NoSQL busca romper con el estándar que establecía anteriormente SQL y ofrece una alternativa que funciona mejor para casos específicos. Sin embargo, esta no es una elección que se deba tomar a la ligera porque, para la mayoría de las bases de datos, SQL sigue siendo la primera opción a utilizar.

A continuación, profundizaremos en cada tipo de base de datos. Comenzaremos abordando los conceptos teóricos para que podamos ponerlos en práctica a través de ejemplos a medida que avanzamos en el tema.

5.1 SQL: Structured Query Language

SQL es un lenguaje muy utilizado cuando trabajamos con bases de datos. Existen algunas variaciones entre las diferentes implementaciones y versiones de los sistemas de gestión de bases de datos (SGBD) pero, por norma general, y sin entrar en demasiados detalles, ya que ese no es el foco de este libro, podemos ver a continuación algunos ejemplos de sentencias SQL.

SQL para recuperar la lista de ID_AUTOR de la tabla LIBRO:

```
SELECT ID_AUTOR FROM LIBRO;
```

Existen otros tipos de sentencias SQL, pero el propósito de esta sección no es explicar cómo realizar consultas en SQL, sino explicar qué es una base de datos SQL y en qué se diferencia de una base de datos NoSQL.

La gran mayoría de las bases de datos comerciales que existen hoy en día están basadas en SQL. Existen soluciones comerciales que requieren una inversión económica importante, como Oracle, pero ofrecen características avanzadas y algunos beneficios como el soporte.

También existen soluciones gratuitas, como PostgreSQL, que ofrecen menos funciones que Oracle pero se pueden adaptar a la mayoría de las aplicaciones, por lo que es un tipo de SGBDR muy utilizado.

Lo que todas estas bases de datos tienen en común es que son similares a SQL. Y es precisamente de este modelo del que NoSQL está tratando de alejarse, para ofrecer una alternativa que se adapte mejor a usos específicos.

Observación

Las bases de datos SQL también se denominan bases de datos relacionales porque se basan principalmente en la relación entre sus entidades.

5.2 NoSQL: no solo SQL

Como hemos dicho antes, las bases de datos NoSQL almacenan datos en un formato diferente. Este formato puede ofrecer algunas ventajas, como el rendimiento durante las operaciones de lectura o una mayor resistencia a los errores.

Observación

Las bases de datos NoSQL ofrecen un modelo alternativo para usos muy específicos.

Las bases de datos NoSQL se pueden clasificar en diferentes tipos:

- **Base de datos de clave-valor**: este tipo de base de datos utiliza una clave, que se puede consultar, y un valor que se obtiene como resultado cuando se consulta esa clave. Se trata de bases de datos muy rápidas cuando queremos utilizar esta función en concreto, fijarnos únicamente en la clave y obtener un resultado.
- **Base de datos orientada a documentos**: las bases de datos de documentos se utilizan para almacenar y buscar documentos. Son ampliamente utilizados en sistemas de tipo CMS (*Content Management System*) y se centran en realizar búsquedas de texto.
- **Base de datos orientada a grafos**: las bases de datos orientadas a grafos se utilizan en bases de datos altamente interconectadas, donde hay muchos nodos o entidades con poca información en cada uno de ellos.

- **Base de datos orientada a columnas**: este tipo de base de datos es particularmente interesante, porque a diferencia de las bases de datos clásicas (SQL), para las que cuando consultamos un registro obtenemos una fila de una tabla, las bases de datos de columnas se centran en el valor de la columna y no solo en una fila. Por lo tanto, el rendimiento será mucho mayor cuando nos interesen datos en columnas, como el promedio de todos los registros de una tabla, pero el rendimiento será menor si queremos obtener registros específicos.

5.3 Diferencias entre una base de datos SQL y una base de datos NoSQL

Ahora que hemos explicado qué es una base de datos SQL y qué es una base de datos NoSQL, hablemos de las diferencias entre ellas.

Las bases de datos SQL se denominan ACID y las bases de datos NoSQL se denominan BASE.

Las características de las bases de datos SQL (relacionales) clasificadas como ACID son las siguientes:

- **Atomicidad**: una transacción se ejecuta en su totalidad o no se ejecuta.
- **Coherencia**: existen restricciones de integridad en la base de datos que garantizan la coherencia a lo largo del tiempo.
- **Aislamiento (Isolation)**: varias transacciones simultáneas no interfieren entre sí.
- **Durabilidad**: las transacciones ejecutadas persisten incluso si el sistema informático es defectuoso.

Por otro lado, las bases de datos NoSQL son BASE, un acrónimo que significa *Basically Available* (básicamente disponible), *Soft-state* (estado blando), *Eventual consistency* (coherencia eventual).

Las características de este tipo de bases de datos, clasificadas como BASE, son las siguientes:

- La base de datos estará disponible la mayor parte del tiempo. Si uno de los nodos deja de funcionar, la base de datos seguirá funcionando.
- *Soft-state*: los mismos datos pueden tener varios valores en diferentes partes del sistema.
- Coherencia eventual: después de un tiempo suficiente, la base de datos alcanzará un estado coherente.

5.4 ¿Cuándo elegir una base de datos SQL?

Por lo general, usaremos una base de datos similar a SQL. Si no sabemos qué tipo de base de datos queremos utilizar, esta es la base de datos que mejor se adaptará a nuestras necesidades desde un punto de vista general.

Las bases de datos SQL, también conocidas como bases de datos relacionales, son la gran mayoría en comparación con las bases de datos NoSQL.

Existen las siguientes ventajas de poner una base de datos SQL en producción:

- **Flexibilidad**: la base de datos relacional será más flexible a medida que sus necesidades cambien con el tiempo, lo que le permitirá cambiar los tipos de atributos, agregar nuevas entidades o crear un gran número de relaciones que no estaban planificadas inicialmente.
- **Robustez**: objetivamente, las bases de datos SQL llevan mucho más tiempo en el mercado que las bases de datos NoSQL. Por este motivo, gracias a los años que otras empresas y personas han utilizado este tipo de bases de datos, han podido probar el sistema en diferentes circunstancias.

  Las bases de datos NoSQL llevan menos tiempo en el mercado, por lo que es posible que nos encontremos con bugs o problemas de rendimiento, que no se han detectado antes. Esto es claramente una ventaja a favor de SQL.

- **Reclutamiento de personal**: en una organización, la producción y mantenimiento de bases de datos se lleva a cabo por un grupo de personas. En el caso de las organizaciones más pequeñas, es una sola persona la que realiza esta tarea. Por ejemplo, puede ser un DBA (*Database Administrator*) encargado de diseñar y mantener la base de datos.

  Desde un punto de vista estratégico, hay que tener en cuenta que estas personas pueden abandonar la empresa por diversos motivos (salida a nuevos proyectos, jubilación, etc.) y que se deben sustituir para poder seguir asegurando el buen funcionamiento de la base de datos.

Las bases de datos relacionales son la mayoría en el mercado, por lo que es más fácil y barato contratar a un experto que pueda trabajar con bases de datos SQL que con bases de datos NoSQL.

5.5 ¿Cuándo elegir una base de datos NoSQL?

Una base de datos NoSQL será una buena opción para casos muy concretos, para los que se diseñó este tipo de bases de datos.

Por ejemplo, se recomienda lo siguiente cuando se deben utilizar los distintos tipos de bases de datos NoSQL:

- **Base de datos orientada a grafos**: se utiliza cuando tenemos datos muy relacionados.

  Por ejemplo, para crear una base de datos que nos permita analizar datos de fraude en una compañía de seguros que realiza análisis de datos cruzados, una base de datos orientada a grafos podría ayudarnos a hacer estas observaciones que, de otra manera, serían muy complicadas.
- **Base de datos orientada a columnas**: se utiliza cuando necesitamos hacer un uso intensivo de consultas de agregación.
- **Base de datos orientada a documentos**: se utiliza cuando necesitamos realizar consultas basadas en valores. Por ejemplo, para el almacenamiento de contenidos (CMS, *Content Management System*) o para blogs.
- **Base de datos clave-valor**: se utiliza cuando solo necesitamos realizar consultas referidas a una clave.

Si nuestra base de datos solo necesita usar un tipo de estas características, es posible que deseemos considerar el uso de un tipo de base de datos NoSQL. Pero tengamos en cuenta que este tipo de bases de datos funcionarán muy rápido dependiendo de la funcionalidad que queramos mejorar, pero mucho más lento para todas las demás características, por lo que es una decisión que se debe tomar con mucha precaución.

6. Herramientas para modelar una base de datos

Existen diferentes herramientas para modelar una base de datos. A lo largo de este capítulo, hemos visto representaciones de bases de datos. Es hora de sumergirse en las diferentes herramientas disponibles, con un enfoque particular en la aplicación que se ha utilizado durante la construcción de este capítulo.

La herramienta en cuestión se llama DbSchema y tiene una opción gratuita que permite el uso de funciones básicas. También hay una versión de pago, con opciones adicionales.

Observación

También es posible utilizar la versión de prueba durante 15 días. Durante este tiempo, puede utilizar las opciones de pago del producto y conocer las diferentes características sin tener que hacer ningún desembolso, asegurándose de que DbSchema satisfaga sus necesidades antes de comprarlo.

Las opciones que ofrece la versión gratuita son las siguientes:

- ingeniería inversa de esquema,
- diseños interactivos,
- creación de nuevas tablas, columnas, etc.,
- editor SQL.

En cuanto a la versión de pago, las opciones adicionales (además de las incluidas en la versión gratuita), son las siguientes:

- creación del modelo lógico,
- generación de documentación interactiva HTML5,
- asistente para crear consultas,
- creación de un modelo de datos offline, sin una conexión a la base de datos,
- copia de seguridad del modelo generado en un archivo,
- sincronización de los esquemas de la base de datos,
- exploración visual de datos,
- informes automáticos y exportables,
- administración de bases de datos a través de herramientas gráficas,
- generación de datos,
- importación de datos de archivos CSV, XML o XLS.

6.1 Instalación de DbSchema

Vamos a instalar DbSchema. Para ello, el primer paso es descargar el archivo de instalación desde su página oficial.

Para descargar DbSchema, puede utilizar el siguiente enlace:
https://dbschema.com/download.html

- Una vez descargado DbSchema, siga las instrucciones para instalarlo de forma predeterminada y podrá usarlo. De forma predeterminada, usaremos la licencia Pro; podemos comprobarlo de la siguiente manera: **Help** - **About DbSchema**.

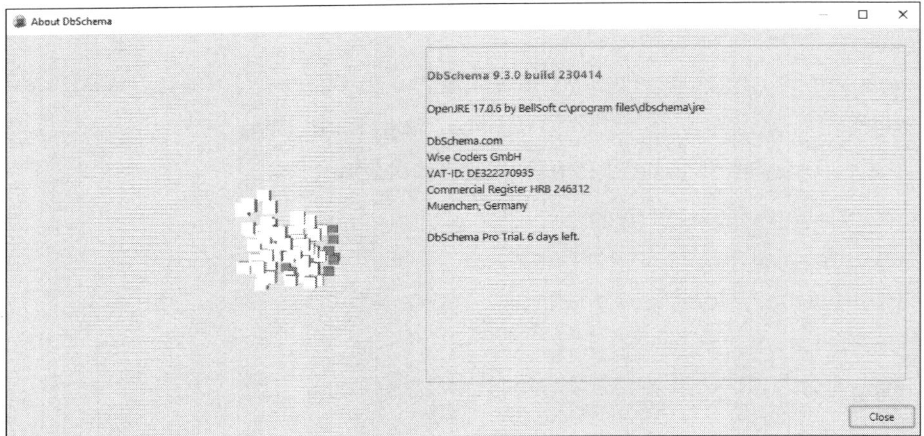

Podremos utilizar la licencia de prueba durante 15 días, con el fin de familiarizarnos con las diferentes características. Una vez finalizado el periodo de evaluación, podremos seguir utilizando la herramienta, pero solo en modo Community.

6.2 Iniciar un nuevo proyecto

Vamos a empezar un nuevo proyecto. Para hacer esto, se presentan las siguientes opciones en la pantalla principal:

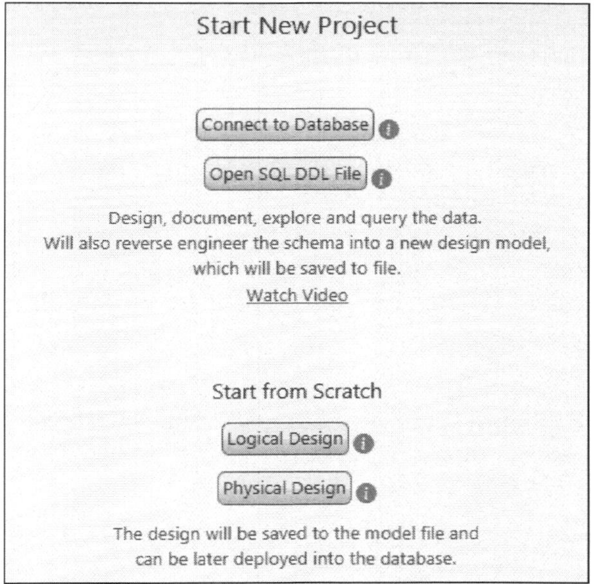

Vemos que en la parte superior de la captura de pantalla, tenemos dos opciones: conectarnos a una base de datos o abrir un archivo DDL SQL.

6.2.1 Conectarse a una base de datos

La primera opción de conectarse a una base de datos permite usar DbSchema para conectarse directamente a una base de datos previamente instalada, ya sea en su computadora o en una máquina externa (generalmente un servidor de base de datos).

La ventaja de esta opción es que nos permitirá crear dinámicamente los objetos en la base de datos a medida que los modelamos. Por ejemplo, si en nuestro modelo de datos definimos que hay dos tablas con una clave primaria -> relación de clave foránea entre ellas, esas tablas con estas características se crearán en nuestra base de datos.

Hay pros y contras de hacer esto.

En el lado positivo, poder crear los objetos directamente en la base de datos nos garantiza una mayor velocidad, ya que mientras estamos modelando nuestra base de datos, estamos creando directamente los objetos, evitando la fase de traducción del diagrama que generamos previamente en código SQL.

Además, otro punto positivo es que evitamos puntos de error, ya que al crear directamente los objetos evitamos errores de sintaxis o la manipulación de la herramienta de creación de bases de datos.

Sin embargo, en el lado negativo, al delegar esta responsabilidad para modificar los objetos en la base de datos, perdemos el control sobre las operaciones que tienen lugar en la base de datos, hasta cierto punto. No sabemos qué comandos se lanzan, sino que es la interfaz gráfica la que interpreta y decide en función de la programación que se ha realizado. Esto puede llevar a resultados inesperados y, en el caso de bases de datos que ya están en producción, incluso puede ser peligroso.

La opción mencionada en la siguiente sección nos ayuda a reducir este riesgo.

6.2.2 Abrir un archivo SQL DDL

Un punto intermedio para poder crear o modificar nuestra base de datos de forma indirecta, es a través de la generación de SQL DDL.

Aprovechemos esta oportunidad para introducir estas nociones; aunque las hemos mencionado en el capítulo anterior, no hemos profundizado en ellas.

Como ya se mencionó anteriormente, SQL significa *Structured Query Language*, es el lenguaje que nos permite comunicarnos con la base de datos.

Un ejemplo de SQL sería el siguiente:

```
SELECT NOMBRE_COLUMNA FROM NOMBRE_TABLA;
```

Un comando que devolvería todos los valores de la tabla NOMBRE_TABLE, correspondientes a la columna NOMBRE_COLUMNA.

DDL significa *Data Definition Language* y es un tipo específico de SQL que se encarga de crear cambios permanentes en la base de datos.

Desde un punto de vista práctico, la opción de generar un fichero DDL SQL nos permitirá crear un fichero de texto, que contendrá instrucciones SQL de tipo DDL. Este archivo de texto se puede utilizar posteriormente para su integración en una base de datos.

También puede realizar la operación opuesta, que consiste en leer un archivo SQL DDL generado previamente. Es decir, sin que el equipo en el que instalamos DbSchema necesite conectarse a la base de datos, es posible que hayamos recibido un fichero DDL SQL con información sobre la definición de la base de datos, e integremos esta información en nuestra herramienta de modelado para poder trabajar con estos datos.

6.2.3 Empezar desde cero: modelo lógico

Esta es la opción más utilizada cuando se empieza a trabajar con DbSchema, cuando se empieza a diseñar una base de datos. Esto permite que una base de datos se modele genéricamente independientemente del tipo de base de datos utilizada. Esto solo se tendrá en cuenta en el siguiente paso, el modelo físico.

Echemos un vistazo paso a paso a cómo crear un modelo lógico para familiarizarnos con la herramienta.

▶Haga clic en el botón para crear una nueva plantilla y darle un nombre.

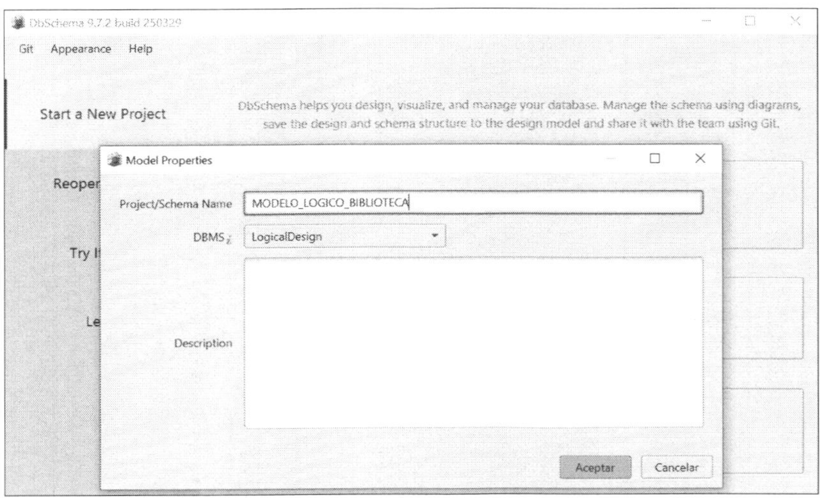

Se muestra la pantalla principal:

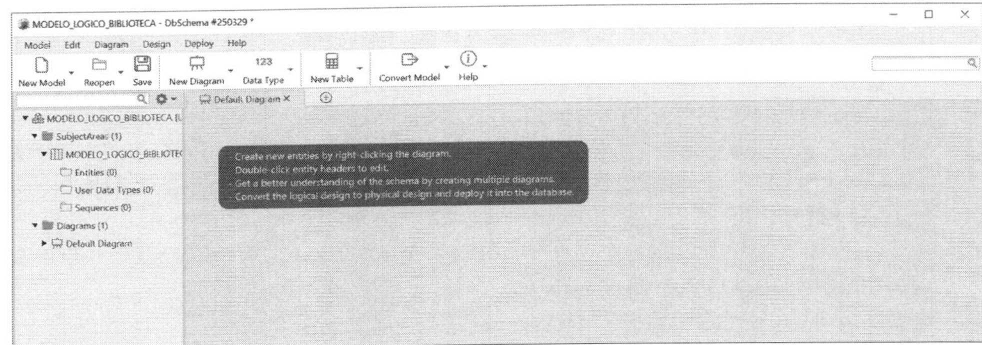

A continuación, vamos a crear una nueva entidad. Como vimos anteriormente, una entidad es la unidad más pequeña de datos que contiene una base de datos, desde un punto de vista lógico y esta entidad se representará posteriormente en forma de tabla, a medida que avancemos en el diseño de nuestra base de datos.

▶ Para crear una nueva entidad, haga clic con el botón derecho en el panel de diseño que se nos presenta y, a continuación, haga clic en **Create Entity** (**Crear entidad**).

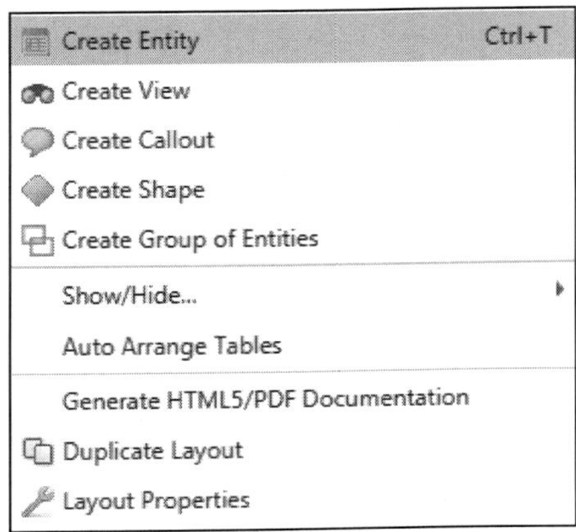

▶ A continuación, establezca el nombre de la entidad. También puede agregar una descripción si lo desea.

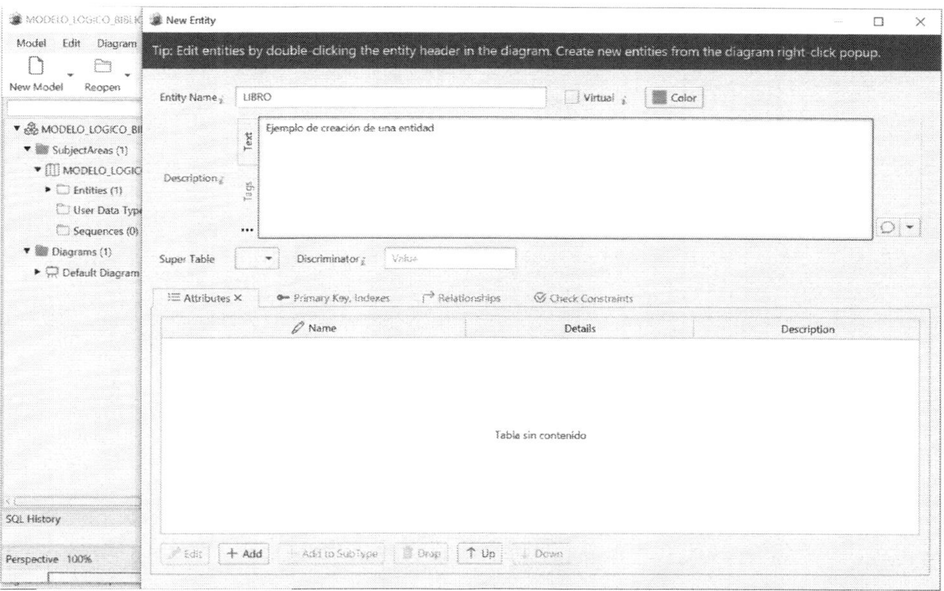

- Para agregar un atributo a una entidad, vaya a la pestaña **Attributes** (**Atributos**), haga clic en el botón **Add** (**Agregar**) y aparecerá la siguiente pantalla:

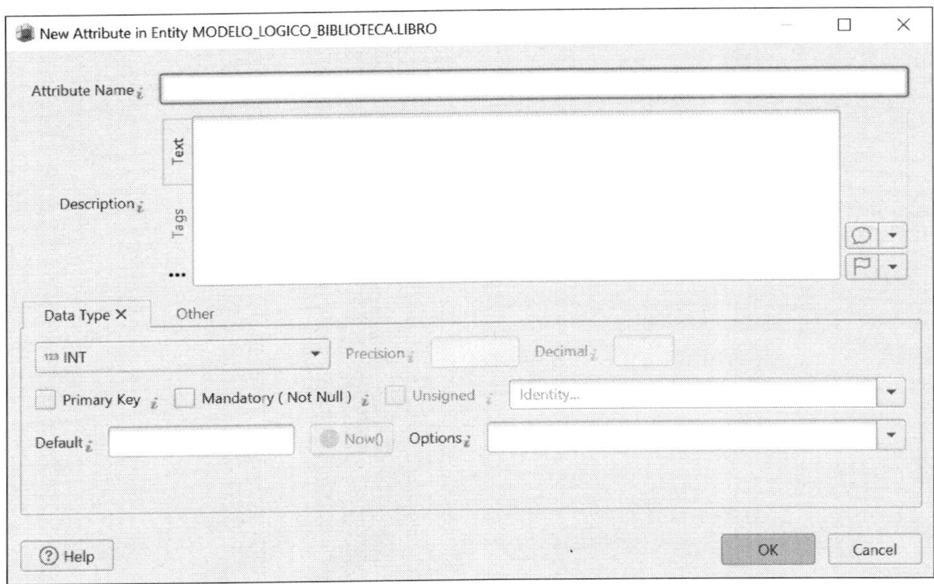

Aquí, puede definir los diferentes elementos vistos anteriormente en este capítulo: el nombre del atributo, su tipo, si es una clave principal y cuáles son sus características, como un valor predeterminado o si es un campo obligatorio.

Para terminar la introducción a esta herramienta, vamos a presentar cómo crear relaciones entre entidades.

- Basta con arrastrar con el botón izquierdo un atributo con la propiedad de clave principal, existente en una entidad, al atributo de otra entidad. Una vez hecho esto, obtiene el siguiente menú:

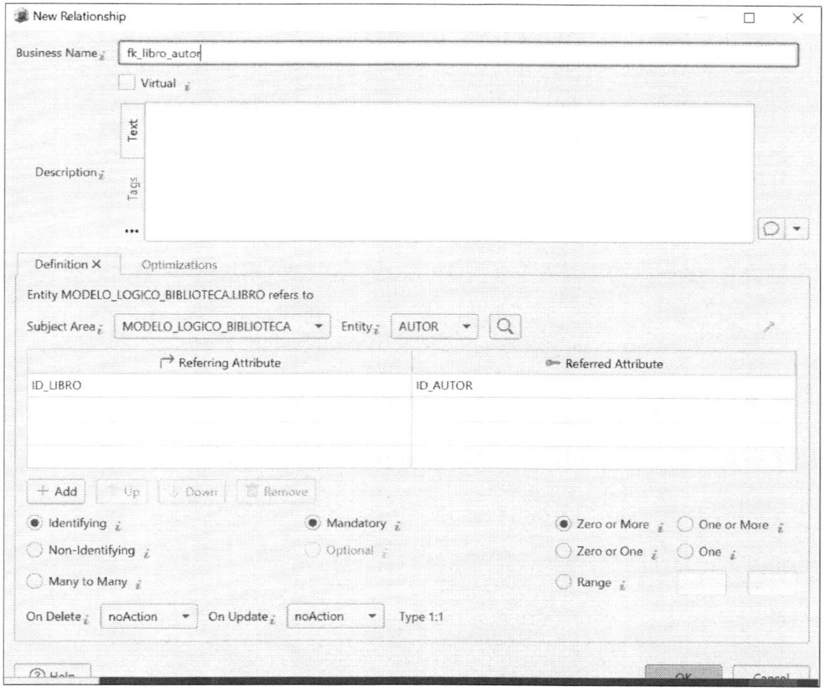

Una vez que hemos definido los atributos que queremos y su cardinalidad, registramos los cambios y hemos creado la relación. Le sugerimos que use DbSchema siguiendo las instrucciones de este libro y le animamos a crear una base de datos con la que experimentar por sí mismo.

6.2.4 Empezar desde cero: modelo físico

En esta sección, explicaremos cómo utilizar el diseño físico de la base de datos. Llegaremos a esta sección más rápidamente, porque el modelo físico de una base de datos puede variar mucho según el tipo de base de datos que estemos utilizando.

- Para ello, vuelva a la pantalla principal, pero esta vez, haz clic en **Diseño físico** en la sección **Start from Scratch** (**Empezar desde cero**).

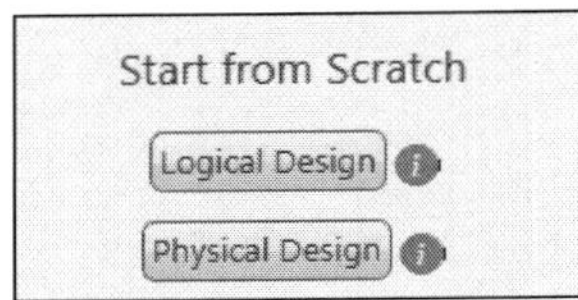

- A continuación, puede definir el tipo de base de datos para la que desea crear un modelo físico.

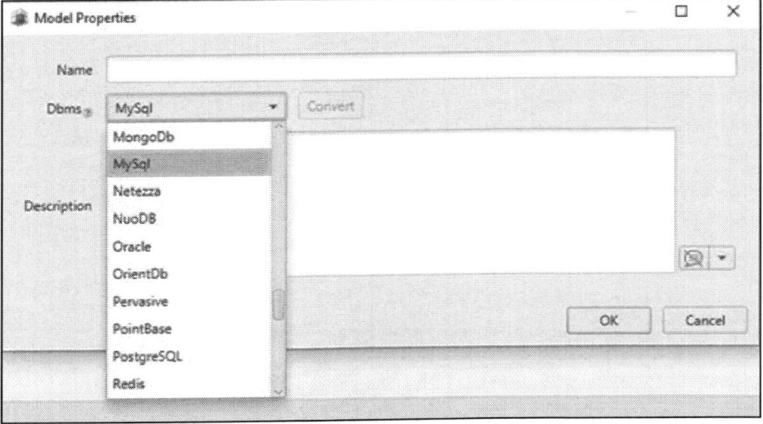

En la lista, hay una gran cantidad de tipos de bases de datos, algunas son SQL y otras son NoSQL. En este capítulo, nos hemos centrado en el diseño lógico ya que es común a todos los tipos de bases de datos, mientras que el diseño físico requiere un estudio específico para cada tecnología.

Animamos al lector a estudiar los diferentes tipos de bases de datos que DbSchema puede modelar y a crear modelos para profundizar en el tema antes de pasar al siguiente capítulo.

Capítulo 4
Normalización de datos

1. Introducción

La normalización de datos es el proceso de optimización de las bases de datos para que sean más fáciles de usar y que los datos estén más disponibles cuando sea necesario.

En este capítulo, veremos qué es la normalización de datos, y para ello empezaremos por definir los conceptos técnicos que nos ayudarán a entender mejor el resto de temas a tratar.

A continuación, explicaremos cuáles son las fases que se debe llevar a cabo para estandarizar una base de datos.

Veremos cuáles son las formas normales de Boyce-Codd, consideradas un estándar cuando hablamos de normalización.

También veremos cuáles son las 12 reglas de Codd, que determinan la fidelidad de un sistema de base de datos con el modelo relacional.

Por último, le recomendaremos una serie de herramientas para realizar la normalización de bases de datos, con algunos ejemplos prácticos.

2. ¿Qué es la normalización de datos?

La normalización de datos es un proceso de diseño de bases de datos relacionales, que tiene como objetivo reducir la redundancia de datos, así como reducir el número de anomalías que pueden encontrar los usuarios finales. Estas mejoras buscan aumentar la eficiencia y la integridad y mejorar el mantenimiento de la base de datos.

El proceso de normalización implica organizar los datos en tablas, utilizando reglas específicas para distribuir los atributos de forma lógica y reducir la duplicación.

El objetivo principal de la normalización es minimizar las anomalías de datos, incluidos los problemas de actualización, inserción y eliminación, que se pueden producir cuando los datos están mal estructurados. Discutiremos el concepto de anomalía en detalle en este capítulo.

Observación

La normalización consiste en hacer que la base de datos sea más eficiente, de modo que todos los usuarios puedan encontrar y utilizar la información de forma rápida y eficiente.

Para establecer un sistema de normalización, generalmente nos basamos en una serie de formas normales. Estas formas normales se denominan formas normales de Boyce-Codd (FNBC), en inglés BCNF *Boyce Codd Normal Form*).

Al normalizar una base de datos, se obtiene una estructura más modular, donde cada tabla se centra en un solo aspecto y tiene dependencias mínimas de las otras tablas. Esto facilita la administración de datos, permite operaciones de consulta más eficientes y reduce las posibilidades de incoherencia y redundancia de datos.

3. Definición de conceptos técnicos: tipos de claves, dependencias, etc.

Definamos algunos conceptos útiles cuando hablamos de normalización.

3.1 Tipos de clave

En el capítulo de Modelado de datos, pudimos ver en detalle los diferentes tipos de claves desde el punto de vista del modelado.

Ahora abordaremos el tema, pero esta vez desde una perspectiva de normalización, que nos permite aplicar un enfoque óptimo ligeramente diferente para los mismos objetos.

3.1.1 Claves primarias

Las claves primarias deben existir en cada tabla. De esta manera, seremos capaces de identificar de forma única un registro en esa tabla.

Cuando hablábamos de modelado de bases de datos, veíamos que la creación de claves primarias era opcional, pero recomendable. En el caso de una normalización, estamos obligados a crear claves primarias para poder considerar una base de datos como normalizada.

Estas claves primarias deben ser capaces de identificar de forma clara y única un registro, garantizar el control de la integridad y facilitar el orden de la información.

3.1.2 Claves foráneas

Al igual que ocurría con las claves primarias, en un proceso de normalización, nos vemos obligados a crear claves foráneas para establecer relaciones entre las diferentes tablas o entidades de nuestra base de datos.

Las claves foráneas se deben identificar correctamente y garantizar la coherencia desde una perspectiva funcional. Por ejemplo, si los clientes tienen una relación de clave primaria/clave foránea con una entidad que contiene una lista de tiendas, para identificar en qué tienda está comprando cada uno de nuestros clientes, tendremos que asegurarnos de que no pueda haber un cliente que se registre en una tienda inexistente.

Esto está directamente relacionado con el siguiente punto, las dependencias.

3.2 Dependencias

Al igual que en el apartado anterior sobre los tipos de claves, aquí veremos el impacto que tienen las dependencias en el proceso de normalización e introduciremos el concepto de dependencias funcionales, que proporciona una visión centrada en los datos y requiere un análisis especializado con foco en nuestra base de datos.

Aquí introducimos el concepto de dependencias funcionales como un concepto a tener en cuenta en la normalización.

Ya hemos visto qué son las dependencias y cómo podemos establecerlas usando claves primarias y foráneas. Incluso hemos vito el concepto de cardinalidad en la sección anterior, que va un poco más allá en la definición de dependencia.

Sin embargo, otra cuestión a tener en cuenta es cuándo crear estas dependencias, lo que llamamos dependencias funcionales.

Tendremos una dependencia funcional cuando la creación de un elemento en una tabla, haga necesario que el elemento en otra tabla padre haya sido creado previamente.

Por ejemplo, si estamos creando una base de datos geográfica y tenemos una lista de ciudades que queremos asociar con una lista de países, necesitamos crear un país en la base de datos antes de crear la ciudad en la que se encuentra ese país.

3.3 Anomalías

3.3.1 ¿Qué es una anomalía?

Una anomalía es un efecto secundario inesperado de un intento de insertar, actualizar o eliminar una fila. Este es un efecto que no estaba previsto en el diseño de una base de datos y que, en consecuencia, provoca un comportamiento diferente al esperado. Existen diferentes tipos de anomalías en las bases de datos que describiremos a continuación.

3.3.2 Tipos de anomalías

- **Anomalías de inserción**: este tipo de anomalía se produce en un momento en el que no podemos insertar un nuevo registro en la tabla, debido a la falta de datos.

  Normalmente, la base de datos debe esperar este comportamiento, por ejemplo, implementando un valor predeterminado. En el caso de los tipos de datos numéricos, si no se especifica un valor, el valor puede ser NULL o 0. Si encontramos un error en la base de datos al insertar estos datos, entonces nos encontramos ante una anomalía ya que se trata de un caso que deriva del caso normal.

- **Anomalías de eliminación**: este tipo de anomalía se produce cuando la acción de eliminar ciertos registros de la base de datos, también elimina otros datos de forma inesperada.

  Por ejemplo, si eliminamos a un cliente de la base de datos, queremos poder mantener su historial de compras y ventas para poder tenerlo en cuenta en el análisis fiscal, entre otros usos que puedan tener estos datos.

  Si solo queremos eliminar los datos personales de un cliente, pero nos encontramos con que hemos perdido otra información que no anticipábamos, nos encontramos ante un caso de anomalía en la eliminación.

- **Anomalías de actualización**: las anomalías de actualización se producen en el caso de que, si queremos actualizar un solo registro, necesitemos actualizar varios registros para conseguir nuestro objetivo.

  Por ejemplo, volviendo a nuestra lista de clientes, si nuestro objetivo es simplemente actualizar la información personal de un cliente, como su número de teléfono, actualizar una sola tabla debería ser suficiente para lograr nuestro objetivo.

  De lo contrario, si actualizamos esta tabla pero nos encontramos con que en otras tablas de la base de datos este cliente sigue apareciendo con el número de teléfono antiguo, estamos ante una anomalía de actualización.

3.3.3 Impacto de la normalización en las anomalías

Como hemos podido adivinar en este apartado, las anomalías son un efecto inesperado de una base de datos que se podría haber evitado con un conocimiento más profundo del modelo de base de datos y de los datos que contiene.

La normalización de la base de datos nos permite reducir la aparición de anomalías, ya que facilita la comprensión y el acceso a una base de datos y evita que se produzcan efectos adversos.

4. Fases de normalización de bases de datos

La normalización en una base de datos se puede realizar en diferentes etapas de madurez. Es posible que, en el propio proceso de diseño de una base de datos, nos planteáramos el objetivo de contar con una base de datos normalizada, lo que sería más sencillo en cuanto al procesamiento de datos, ya que nos permitiría crear la base de datos tal y como estaba en el momento de su diseño.

Otra posibilidad, más común en la práctica, es que se quiera estandarizar una base de datos que está en producción y, por lo tanto, contiene datos en sus tablas.

Un proceso de normalización de datos se puede dividir en varias fases:

- **La elección de nuestro objetivo**. Esta es la fase más importante. Antes de comenzar el proceso de normalización, debemos determinar qué queremos lograr. Para ello, es importante entender las diferentes formas normales que tenemos disponibles para poder definir las pautas a seguir para conseguir nuestro objetivo.
- **Análisis de datos**. En esta fase, realizamos un análisis exhaustivo de nuestra base de datos, que nos permite entender qué acciones tomar para conseguir el objetivo marcado. A la hora de analizar los datos, se debe tener en cuenta la finalidad elegida, como la tercera forma normal (3NF), ya que esto nos permite realizar el análisis de los datos con mayor precisión.
- **La creación de un plan de acción**. En esta parte es donde comenzaremos a decidir qué acciones tomar. Solo una vez que hayamos terminado de analizar todos los datos que forman parte de nuestra base de datos (o todas las tablas que queramos analizar), podremos crear nuestro plan de acción, ya que necesitamos tener información completa antes de tomar una decisión.

  Nuestro plan de acción puede estar compuesto por acciones tales como: creación de relaciones, claves primarias y foráneas, cambio de nombre de columnas, división de una columna en dos nuevas columnas, etc.
- **La ejecución de nuestro plan de acción**. Solo en esta fase realizamos una acción de cambio en nuestra base de datos. Una vez que hemos analizado la base de datos y creado nuestro plan de acción con el objetivo en mente, realizamos los cambios que hemos propuesto en el orden elegido en nuestro plan de acción. A través de este proceso reflexivo previo, nos aseguramos de llevar a cabo nuestra acción de normalización de forma ordenada y reflexiva, evitando realizar cambios que luego desharemos porque no hemos realizado un análisis correctamente o porque no tenemos objetivos claros antes de iniciar la normalización.

5. Formas normales

Definiremos cuáles son las diferentes formas normales y cómo podemos aplicar ejemplos prácticos para poder identificarlas y transformar nuestra base de datos a la forma normal deseada.

Como regla general, podemos definir formas normales como una forma de estandarizar nuestras bases de datos, de manera que podamos acceder a nuestra información de una manera más óptima, en función de nuestros objetivos.

En general, se considera que una base de datos está normalizada si sigue la tercera forma normal (3NF). Sin embargo, los requisitos de normalización de bases de datos pueden variar en función de nuestras necesidades.

5.1 Base de datos no normalizada

Antes de introducir las diferentes formas normales, nos planteamos la posibilidad de que nuestra base de datos, en su estado actual, no coincida con ninguna forma normal. A esto se le llama base de datos no normalizada.

Antes de realizar el análisis necesario, podemos suponer que nuestra base de datos o nuestro conjunto de tablas a analizar, pertenece a este grupo de bases de datos no normalizadas.

Siempre que nuestra base de datos respete al menos la primera forma normal (1NF), que describiremos a continuación, ya podemos considerar que nuestra base de datos está normalizada y, por lo tanto, ya no pertenece a esta categoría.

Observación

Una base de datos que aún no se ha analizado se considera una base de datos no normalizada, porque no podemos determinar su nivel de normalización antes de analizarla.

5.2 La primera forma normal (1NF)

Los pasos para normalizar, es decir, para asegurarse de que una tabla está en la primera forma normal, son los siguientes:

1. Debemos asegurarnos de que no haya grupos repetitivos en las tablas individuales. Cada dato se debe considerar atómico, evitando la repetición.

2. El segundo paso nos dice que debe haber una tabla separada para cada uno de los datos vinculados. Almacenar todos los datos en una sola tabla gigantesca es una mala práctica que no entra dentro de la normalización.

3. Se debe utilizar una clave primaria siempre que queramos establecer relaciones entre tablas.

Hay que tener en cuenta los siguientes aspectos a la hora de implantar la primera forma normal:

- Todos los atributos son atómicos: un atributo es atómico si los elementos del dominio son indivisibles, mínimos. Por ejemplo, no debe haber un atributo llamado NOMBR_Y_APELLIDO, sino que se debe dividir en dos atributos separados llamados NOMBRE y APELLIDO, porque es posible que solo queramos acceder a uno de estos valores.

Observación

Un dominio en una base de datos es el conjunto de valores que pueden ser tomados por los atributos de una tabla. Se trata de un rango de valores que puede tener un campo específico. Por ejemplo, el campo NOMBRE puede ser un conjunto de caracteres en mayúsculas o minúsculas con un límite de 50 caracteres.

- La tabla contiene una clave primaria única: esto es lógico, esta es la organización mínima que necesitamos poner en marcha para que la base de datos tenga un cierto orden.
- La clave primaria no contiene atributos nulos: la clave primaria debe ser capaz de identificar de forma única un elemento, por lo tanto, si el elemento es nulo, no debería existir en la tabla.

- No debe haber variación en el número de columnas: el número de columnas debe permanecer estable a lo largo del tiempo para evitar problemas en las consultas que ya están establecidas.
- Se debe evitar la dependencia funcional: en otras palabras, los campos no se deben identificarse mediante la clave.
- El orden en el que se insertan los datos en una tabla no debe influir en el resultado de una consulta. Dos tablas con datos ordenados de manera diferente deben dar el mismo resultado en la misma consulta, para respetar 1NF. Un caso en el que esto no sería cierto es si necesitamos usar un valor NUMERO_DE_LINEA para poder ordenar nuestros elementos correctamente.
- Impedir que una tabla tenga varios valores en una columna.

  Por ejemplo, debe evitar una columna denominada NOMBRE_APELLIDO que contenga "Mario ALCAIDE". Debemos crear una columna NOMBRE con el contenido "Mario" y una segunda columna APELLIDO con el contenido "ALCAIDE".
- Los datos, al igual que los atributos, también deben ser atómicos. Datos como la dirección postal de una persona solo se deben incluir en la base de datos una vez y pertenecer a un empleado. Este empleado tampoco debe aparecer varias veces en la base de datos.

5.3 La segunda forma normal (2NF)

Los pasos para validar la segunda forma normal son los siguientes:

- La segunda forma normal debe cumplir todos los requisitos de la primera forma normal (1NF).
- Necesitamos tener tablas separadas que agrupen los datos que se aplican a varios registros. Por ejemplo, en el caso anterior en el que hablábamos de ciudades y países, nos vimos obligados a crear una tabla de países para validar la segunda forma normal (2NF) y no podíamos simplemente establecer un atributo de país en la tabla de ciudades.

- Las tablas deben estar enlazadas por medio de integridad referencial, es decir, por medio de una clave primaria y una clave foránea, como estudiamos en el capítulo anterior.

Un buen indicador para comprobar si nuestra base de datos está en la segunda forma normal (2NF) es comprobar que cumple con los requisitos de la primera forma normal (1NF) y también, que sus atributos principales dependen completamente de su clave primaria, con la que no hay dependencias parciales.

Observación

Una dependencia parcial es un término que describe los datos que no dependen de la clave primaria de la tabla para identificarlos.

5.4 La tercera forma normal (3NF)

Los pasos para validar la tercera forma normal (3NF) son los siguientes:

- La tercera forma normal debe cumplir con todos los requisitos de la segunda forma normal (2NF). Por lo tanto, lógicamente también cumplirá con los requisitos de la primera forma normal (1NF).
- No debe haber campos que no dependan de una clave única. En otras palabras, debe evitar tener tablas que no tengan una clave primaria única o que los datos se dupliquen en tablas diferentes. Cada dato en particular debe ser identificable de forma única y estar asociado a una sola clave.
- El uso de claves es imperativo en la tercera forma normal para los campos que usan relaciones, pero es posible tener campos sin clave siempre que no formen parte de la relación entre dos tablas.
- Queda prohibida la existencia de datos derivados. En otras palabras, si en la tabla EMPLEADO tenemos un campo que es FECHA_DE_NACIMIENTO, no podemos tener un atributo que sea edad ya que se deriva de la fecha de nacimiento.

Para determinar rápidamente si nuestra base de datos está en la tercera forma normal, además de verificar que ya estaba en la segunda forma normal, debemos asegurarnos de que no haya dependencias funcionales entre los atributos que no son clave.

5.5 La forma normal de Boyce-Codd (BCNF)

Esta forma normal es un poco más restrictiva que la tercera forma normal, sin ser considerada la cuarta forma normal. En otras palabras, se podría considerar como un punto intermedio entre la tercera y la cuarta forma normal.

Los requisitos para validar la forma normal de Boyce-Codd son los siguientes:

- La BCNF debe cumplir con todos los requisitos de la tercera forma normal (3NF).
- No debe haber dependencias funcionales que no formen parte de una relación. Por ejemplo, si en una tabla tenemos empleados y en otra tabla tenemos a los clientes que tienen esos empleados, debe haber una relación a nivel de base de datos entre esas tablas ya que, funcionalmente, hay una dependencia.

Observación

En las bases de datos, un determinante es un atributo que tiene una dependencia funcional de un elemento específico. Por ejemplo, el identificador de un empleado sería decisivo para identificar a sus clientes.

5.6 La cuarta forma normal (4NF)

Los pasos para validar la cuarta forma normal son los siguientes:

- La cuarta forma normal debe cumplir con todos los requisitos de la tercera forma normal (3NF) o, alternativamente, los requisitos de la forma normal de Boyce-Codd (CBF).
- No hay dependencias multivalor no triviales.

Observación

Una dependencia funcional trivial se produce cuando el atributo que está en la dependencia se determina a sí mismo. Por ejemplo, si para obtener los datos de un libro necesitamos obtener el título del libro de una tabla principal, tendríamos una dependencia trivial y no nos ajustaríamos a la cuarta forma normal.

Observación

Las dependencias multivalor son relaciones de N a N, es decir, N registros de la tabla A coinciden con N registros de la tabla B. Esta dependencia multivalor sería trivial si nos encontráramos con redundancia, es decir, datos duplicados porque existen en ambas tablas.

5.7 La quinta forma normal (5NF)

La quinta y última forma normal discutida en este libro (5NF) se conoce como la forma normal de unión por proyección (PJ/NF).

Los requisitos para validar esta forma normal son los siguientes:

- La quinta forma normal debe cumplir con todos los requisitos de la cuarta forma normal (4NF).
- Cada dependencia de unión que se realiza en él utiliza claves candidatas. Es decir, no hay ningún tipo de dependencia JOIN que no utilice claves primarias y foráneas.

6. Reglas de Codd

Aquí definimos qué son las reglas de Codd. Edgar F. Codd definió una serie de doce reglas, llamadas reglas de Codd, que sirven de base para definir los estándares que debe cumplir una base de datos para ser considerada una base de datos relacional.

Recordemos que una base de datos es simplemente un conjunto de datos estructurados, pero la definición de una base de datos no determina cómo se deben estructurar estos datos o qué relación deben tener entre sí.

Codd se dio cuenta de que no había consenso en cuanto a la normalización de las bases de datos y por eso definió estas reglas, que se utilizan hoy en día como estándar para la normalización.

Observación

Un sistema se podría considerar más o menos relacional dependiendo de la cantidad de reglas de Codd que respete.

6.1 Regla 0: regla fundamental

La primera regla o más bien la regla 0, se conoce como la regla fundamental. Esta regla define que para que una base de datos se considere una base de datos relacional, debe ser capaz de administrar datos solo mediante el uso de sus capacidades relacionales.

En otras palabras, no se puede normalizar una base de datos utilizando las reglas de Codd y, por lo tanto, considerarla relacional si el sistema de gestión de bases de datos no cuenta con los mecanismos necesarios para lograr este tipo de relación.

Por ejemplo, si nuestro sistema de gestión de bases de datos tiene la capacidad de crear claves primarias, claves foráneas y relaciones entre tablas, esta es una buena indicación de que estamos cumpliendo con la regla fundamental de Codd.

De lo contrario, a menos que haya otro mecanismo para establecer relaciones entre tablas, se denominará base de datos, pero no base de datos relacional.

6.2 Regla 1: regla de la información

Esta regla determina que toda la información de la base de datos relacional debe estar representada explícitamente de una sola manera, a través de sus valores en las diferentes tablas.

Esto parece una regla bastante lógica, pero hay otras formas de representar la información en una base de datos. Por ejemplo, podríamos considerar que los datos están en archivos externos o que, para acceder a los valores necesarios para establecer las relaciones en la base de datos, necesitamos utilizar enlaces web y recuperar información a través de HTTP.

Estos casos son posibles, pero no respetaríamos la regla de información.

6.3 Regla 2: regla del acceso garantizado

Esta regla debe garantizar que todos los datos de una base de datos relacional sean accesibles de manera lógica a través de una combinación de nombre de tabla, valor de clave primaria y nombre de columna.

Todos los datos deben ser accesibles sin ambigüedades.

Esta regla ya no es tan obvia para todas las bases de datos, pero implementarla significa que podremos organizar los datos en las tablas de una forma más ordenada. El uso de claves primarias en todas las tablas de la base de datos, es un requisito obvio para lograr este nivel de normalización.

Por ejemplo, si tuviéramos una lista de clientes, podríamos encontrar la siguiente información:

```
NOMBRE; APELLIDO ; DIRECCION
Antonia ; Conejo-Ortiz ; Islas Pitiusas, 2
María ; González-Aller ; Cabo Machichaco, 82
Antonia ; Conejo-Ortiz ; Capuchina, 15
```

Podemos ver que, en este caso, hay un duplicado para un cliente, ya que no tenemos una clave primaria en la base de datos. Por lo tanto, el acceso no está garantizado.

Observación

Hay dos Antonia Conejo-Ortiz, que podrían ser la misma persona con dos direcciones diferentes. No está garantizado porque aún no tenemos un ID_CLIENTE.

Para resolver este problema, simplemente agregue una clave primaria a la base de datos de la siguiente manera:

```
ID_CLIENTE; NOMBRE; APELLIDO ; DIRECCION
1; Antonia ; Conejo-Ortiz ; Islas Pitiusas, 2
2; María ; González-Aller ; Cabo Machichaco, 82
3; Antonia ; Conejo-Ortiz ; Capuchina, 15
```

De esta manera, podemos garantizar el acceso a la información. El valor de 1 para ID_CLIENTE siempre será el mismo y no dependerá del orden en el que se hayan insertado los datos.

6.4 Regla 3: regla para el tratamiento sistemático de los valores nulos

Los sistemas de gestión de bases de datos que se sabe que son totalmente relacionales, deben ser capaces de admitir valores nulos (que no sean cadenas vacías, espacios en blanco o ceros) para representar información desconocida e inaplicable, de forma coherente e independiente del tipo de datos.

Haremos un pequeño paréntesis para explicar brevemente las diferencias entre cadena vacía, valor nulo, número vacío, etc.

6.4.1 ¿Qué es NULL?

NULL es un dato desconocido, es un valor que aún no se ha introducido. Cualquier tipo de datos, a menos que se especifique lo contrario en la definición de la tabla, puede ser NULL.

Por ejemplo, en el caso de la tabla de clientes que vimos anteriormente, podríamos encontrar la dirección de un cliente que no se rellenó y, en este caso, sería NULL.

En caso de que introduzcamos otro valor, ya no será NULL, aunque puede ser un valor vacío. Esta diferencia se entenderá con algunos ejemplos que podemos estudiar a lo largo de este capítulo.

6.4.2 Valores vacíos, pero no NULL

Un valor puede estar vacío pero no ser NULL y el contenido de ese valor dependerá del tipo de datos que estemos procesando.

Este concepto es muy fácil de entender si presentamos un ejemplo en el mundo real. Digamos que tenemos una mesa de madera (que podríamos comparar con una tabla de base de datos, literalmente). En esta tabla no hay nada, solo hay vacío, por lo que el valor es NULL.

Si ponemos un vaso vacío sobre la mesa, entonces tendremos un valor vacío (ya que el vaso no contiene agua), pero ya es un valor, no es simplemente vacío, ya que tenemos un vaso.

Si colocamos agua, vino o gazpacho dentro del vaso, entonces está claro que estamos introduciendo un valor, pero el mero hecho de haber colocado un vaso ya marca una diferencia entre un valor NULL y un valor vacío.

La definición de NULL es común a todos los tipos de datos pero, en cambio, un valor vacío dependerá del tipo de datos con los que estemos trabajando y también de su contexto. Veamos algunos ejemplos:

- **Cadena vacía**: una cadena vacía es un tipo de datos que consta de un conjunto de caracteres de tamaño cero. Por lo tanto, no contiene caracteres y, sin embargo, es una cadena: se puede concatenar, se pueden insertar caracteres en esta cadena y se puede comparar con otra cadena vacía. Sin embargo, este valor no se puede usar para compararlo con un número, por ejemplo, ya que no es un número, sino una cadena.
- **Cero**: en el caso de los números, encontramos que el valor vacío es 0. Si no sabemos cuántas manzanas tenemos o, si este valor aún no se ha introducido en las bases de datos, el valor de las manzanas es NULL. En cambio, 0 es un valor conocido, sabemos que tenemos 0 manzanas y este valor se puede usar para realizar promedios, sumas y otras operaciones matemáticas.
- **Fechas**: en el caso de las fechas, establecer un valor vacío no es tan sencillo porque dependerá del contexto. En algunos casos, la fecha en blanco se puede considerar como el año 0, en otros la fecha en que se implementó una aplicación y en otros la fecha en que se fundó la empresa. No existe un consenso universal, a diferencia de NULL.
- **Valores booleanos**: un valor booleano puede ser VERDADERO o FALSO pero, ¿cuál es el valor vacío? Al igual que con las fechas, depende del contexto. Por ejemplo, si la columna representa USUARIO_ACTIVO, entonces TRUE será el valor activo y FALSE será el valor vacío, porque si actualizamos el valor a false, deshabilitamos al usuario. En cualquier caso, es un valor subjetivo y no existe una regla universal.
- **Archivos binarios**: es posible agregar un archivo binario a una base de datos, como es el caso de los tipos BLOB (*Binary Large OBjects*). Podríamos agregar un archivo binario de 0 bits de tamaño, como un archivo de texto sin texto o una imagen de 0 píxeles. En este caso, sería un archivo vacío, pero un archivo al fin y al cabo.

6.4.3 Comparación de un valor NULL

Como entendimos en la sección anterior, un valor NULL no se puede comparar de la misma manera que otros tipos de valores, ya que es un valor vacío o un valor indefinido (consulte el capítulo Crear la base de datos - Crear las tablas de estudiantes, profesores y cursos).

Cuando trabajamos con datos numéricos, si escribimos un 3, podemos compararlo con un 4. Sabemos que 3 < 4 y que 3=3. Incluso con 0, el número vacío, sabemos que 0=0.

Por otro lado, no podemos decir que NULL=NULL, esta comparación es falsa ya que un valor indeterminado puede ser diferente de otro valor indeterminado y, de hecho, lo más probable es que así sea.

Sin embargo, podemos determinar si un valor es NULL o no. En el caso de SQL, usaremos IS NULL para determinarlo, por ejemplo, usando la siguiente sintaxis:

```
SELECT * FROM USERS WHERE DIRECTION IS NULL;
```

O el caso contrario, si queremos obtener valores que no sean cero:

```
SELECT * FROM USERS WHERE DIRECTION IS NOT NULL;
```

6.5 Regla 4: catálogo dinámico en línea basado en el modelo relacional

La cuarta regla determina que debe haber un catálogo de datos, también conocido como metadatos (datos sobre datos), que debe utilizar el mismo patrón de reglas que para los datos normales para poder consultarlos.

Podemos resumir esto como el hecho de que debe haber un conjunto de tablas que contengan información sobre el resto de objetos que hemos creado en la base de datos y que puedan ser visualizados por usuarios que tengan los permisos necesarios.

Este modelo de datos no es específico de nuestra base de datos, sino del sistema de gestión de bases de datos que utilizamos.

Por ejemplo, en Oracle podemos utilizar este catálogo de base de datos para recuperar la relación de las tablas de un esquema, a través de la siguiente consulta:

```
SELECT OWNER, TABLE_NAME FROM DBA_TABLES ORDER BY OWNER;
```

6.6 Regla 5: regla de sublenguaje de datos completos

La quinta regla de Codd nos dice que debe haber al menos un lenguaje de base de datos completo, es decir, que la sintaxis esté bien definida y que soporte plenamente los aspectos que mencionaremos a continuación.

Para explicar mejor esta regla, es necesario profundizar en ciertos conceptos.

6.6.1 ¿Qué es un lenguaje?

Un lenguaje, desde un punto de vista general, es un conjunto de enunciados, reglas y combinaciones de caracteres que nos permiten comunicarnos con un interlocutor, ya sean otras personas como en el caso del lenguaje natural o una máquina como en el caso de un sistema de información o una base de datos.

Por ejemplo, el francés o el alemán son claramente lenguajes y una persona que habla francés se podrá comunicar con otra persona que también hable ese ilenguaje, siempre que respete las reglas definidas por el lenguaje francés.

En el contexto de las bases de datos, este lenguaje debe permitirnos comunicarnos con la base de datos para poder realizar las operaciones que necesitamos.

El lenguaje más común utilizado en las bases de datos es SQL (*Structured Query Language*), que ahora se utiliza como estándar para comunicarse con las bases de datos.

Sin embargo, el uso de un idioma no es suficiente para cumplir con la quinta regla de Codd, la base de datos debe usar al menos un idioma completo.

6.6.2 ¿Qué es un lenguaje completo?

Volviendo a la definición general, un lenguaje completo es aquel que permite abordar sin excepción todos los aspectos necesarios de la comunicación, sin la cual no sería un lenguaje completo.

Los lenguajes naturales como el francés o el español no están completos. Por ejemplo, hay animales o frutas que no tienen una traducción al inglés y sus nombres se usan en latín, por lo que no es un idioma completo en el contexto general.

Por otro lado, si redujéramos el contexto a un universo limitado, como un libro de texto de español de secundaria, en este caso el español sería un lenguaje completo, ya que toda la información contenida en este libro podría ser representada y leída a través de la lengua española.

En el caso de las bases de datos, un lenguaje estaría completo si nos permitiera representar y explotar nuestra base de datos en su totalidad, sin necesidad de mecanismos externos.

Si usamos SQL para acceder a una tabla, pero para acceder a los datos que se encuentran en un sistema de archivos, necesitamos usar un procedimiento externo a la base de datos, este lenguaje no es completo.

SQL, por definición, no es un lenguaje completo, sino más bien un lenguaje general adaptado por los distintos proveedores de sistemas de gestión de bases de datos. Las consultas SQL que pueden utilizar Oracle, Postgres o SQL Server, por ejemplo, pueden ser sintácticamente diferentes.

Veremos cuáles son las reglas que hay que respetar para poder considerar un lenguaje de base de datos como completo.

6.6.3 Reglas para considerar que un lenguaje de base de datos está completo

Un sistema relacional puede permitir varios lenguajes, pero al menos uno de ellos debe estar completo. Por ejemplo, puede ser posible acceder a los datos de una tabla mediante una consulta SQL, pero también puede ser posible hacerlo exportando la base de datos mediante un comando externo que genere un archivo de Excel y, a continuación, abriéndolo como una hoja de cálculo.

Las reglas a seguir son las siguientes:

- **Sintaxis clara y bien definida**: la sintaxis del lenguaje debe ser clara y definida, normalmente a través de la documentación oficial del editor del sistema de gestión de bases de datos y no debe dejar lugar a ambigüedades, siempre que se respeten las reglas especificadas.

  Un comando SELECT siempre debe realizar una consulta. No sería aceptable que SELECT realizara una operación en determinadas condiciones, pero que realizara otra operación en otras diferentes, sin definir primero una regla que lo permita.
- **Definición de datos**: la sintaxis debe permitir que los datos se creen a partir de la base de datos, a través del DDL (*Data Definition Language*).
- **Definición de vistas**: el lenguaje también debe ser capaz de definir vistas, que son consultas almacenadas.
- **Tratamiento de datos**: necesitamos poder actualizar, insertar, modificar y eliminar datos. SQL permite esto a través de UPDATE, DELETE, INSERT... entre otros tipos de instrucciones.
- **Restricciones de integridad**: el lenguaje debe permitirnos implementar restricciones de integridad, como claves primarias y foráneas o claves únicas.
- **Límites de transacción**: el lenguaje también debe incluir la capacidad de establecer límites de transacción, que tradicionalmente se pueden entender mediante instrucciones COMMIT y ROLLBACK, entre otros tipos de declaraciones de control de transacciones.

En conclusión, SQL es un lenguaje completo en el contexto de una base de datos. Sin embargo, no sería un lenguaje completo si tuviéramos que mirar datos que son externos a la base de datos, como un archivo externo que necesitamos obtener a través de FTP.

6.7 Regla 6: regla de la actualización de vistas

Esta regla define que todas las vistas que teóricamente se pueden actualizar (los datos se recuperan de las tablas correspondientes con esas vistas), también pueden ser actualizadas por el sistema.

Es decir, el sistema debe ser capaz de actualizar cualquier vista de la base de datos, ya sea de forma automática o mediante el uso de un lenguaje, siempre y cuando se cumpla la Regla 5 de Codd que vimos en el punto anterior.

La regla no se validaría si ciertas vistas no se pudieran actualizar a través del sistema, ya que causarían inconsistencias entre los datos que se supone que debemos recuperar a través de esas vistas y el resultado obtenido.

6.8 Regla 7: inserción, actualización y eliminación de alto nivel

La regla número 7 de Codd nos dice que las inserciones, actualizaciones y eliminaciones de tablas deben ser posibles al alto nivel, utilizando varias filas y/o tablas, no solo registros individuales.

El cumplimiento de esta norma nos permite realizar fácilmente este tipo de operaciones a gran escala, garantizando una eventual automatización de la información.

Cuando toda la información está en una tabla, hacer cumplir esta regla no es un gran problema. Sin embargo, cuanto más compleja se vuelve nuestra base de datos, más tablas y relaciones debemos tener en cuenta, y más probabilidades tenemos de romper esta regla en caso de que la base de datos no esté correctamente normalizada.

Por ejemplo, considere una base de datos que contiene un TRIGGER que realiza adiciones de información en una tabla cuando se produce un INSERT en otra tabla, como las preferencias de conexión al sitio web. La eliminación de información se podría ver obstaculizada por este mecanismo externo.

Observación

Un trigger de base de datos es un código de procedimiento que se ejecuta automáticamente en respuesta a determinados eventos de una tabla o vista determinada.

Una solución para resolver este problema y estandarizar nuestra base de datos (o al menos este conjunto de dos tablas) sería simplemente asegurarnos de que exista una relación de clave primaria/clave foránea entre las tablas en cuestión, para permitir que se realicen actualizaciones y eliminaciones. Por otro lado, las inserciones estarían garantizadas mediante la configuración de un trigger. Sería válida una combinación de los dos mecanismos.

6.9 Regla 8: independencia física de los datos

Esta regla nos dice que los programas y usuarios que acceden a los datos deben seguir accediendo a ellos sin ningún tipo de alteración, cuando se realicen cambios en el modelo de datos o en el método de acceso a ellos.

En otras palabras, el acceso a una base de datos debe permanecer sin cambios, independientemente de dónde se encuentren físicamente los datos.

Por ejemplo, si tenemos una tabla llamada VENTAS donde se almacena el historial de ventas de cada vendedor de nuestra tienda y además, con el tiempo, esta tabla adquiere un gran volumen, sería posible particionar esta tabla utilizando el valor ANIO (el año en el que se realiza la venta).

Observación

Una partición es una división de una tabla en partes separadas e independientes. Normalmente, la creación de particiones de la base de datos se realiza por motivos de rendimiento o disponibilidad.

Esta acción sería transparente para la aplicación, ya que seguiría accediendo a la misma tabla sin tener que detenerse a preguntarse si el modelo físico de la base de datos ha cambiado o no.

En su lugar, una acción que haría que la base de datos dejara de cumplir con esta regla de normalización, sería crear una nueva tabla para cada año y pedir a los desarrolladores de la aplicación una evolución que refleje este cambio. En este caso, ya no se validaría la independencia física de los datos y se añadiría una complejidad innecesaria a la aplicación.

6.10 Regla 9: independencia lógica de los datos

La regla número 9 nos dice que los cambios en la estructura de los datos deben preservar la información.

Por lo tanto, un cambio en la estructura de datos debe ser transparente para la aplicación, lo que está directamente relacionado con la regla 8 relativa a la independencia física de los datos.

Es más fácil lograr la independencia lógica de los datos que la independencia física, ya que, para lograr la independencia lógica, se pueden implementar mecanismos incorporados en los sistemas de bases de datos, como las vistas, que garantizan el cumplimiento de esta regla general de forma transparente.

Por ejemplo, podríamos considerar cambiar el nombre de las columnas de una tabla, lo que normalmente implicaría problemas con las aplicaciones existentes que acceden a ellas.

Una solución sería usar vistas, que son consultas almacenadas. Si la aplicación usa estas vistas en lugar de acceder directamente a las tablas y nos aseguramos de conservar las vistas cuando cambiamos el modelo de datos de la base de datos, nos aseguramos de que los cambios lógicos que realicemos en la base de datos no afecten al uso de la base de datos.

Expliquemos esto desde un punto de vista práctico, si usamos la siguiente declaración para acceder a nuestra tabla:

```
SELECT NOMBRE, APELLIDO, CANTIDAD FROM VENTAS_EMPLEADOS;
```

Si tenemos en cuenta que VENTAS_EMPLEADOS es una vista que utiliza otras tablas de la base de datos, esta consulta debería poder seguir ejecutándose en cualquier condición cuando las tablas que utilizan esa vista se cambien lógicamente.

6.11 Regla 10: independencia de la integridad

Esta regla debe garantizar que las restricciones de integridad se realicen a través de un lenguaje de base de datos relacional y se almacenen en su catálogo interno.

El uso adecuado de las claves primarias, foráneas y únicas, normalmente disponibles en los diversos tipos de sistemas de gestión de bases de datos, garantizaría que cumplimos con esta regla, ya que estos tipos de claves son responsables de mantener la integridad de la base de datos.

Nos encontramos en la situación contraria si necesitamos utilizar una aplicación externa al sistema de gestión de bases de datos para asegurar la integridad de los datos, como la relación entre tablas o su unicidad.

Por ejemplo, podríamos terminar en el caso de que no haya una clave primaria en la tabla CLIENTES, pero el código de la aplicación que escribe en esa tabla realiza una consulta sobre ella y nos impide crear a un cliente que ya existe en esa tabla.

Habría un control de la integridad de la tabla, que no sería independiente, ya que sería posible escribir en esta tabla sin pasar por la aplicación en cuestión y entonces, ya no se respetaría la integridad.

Observación

En algunos casos, podemos decidir no cumplir con esta política si no queremos que se realice una verificación de integridad a través de la base de datos. Por ejemplo, para ahorrar tiempo a la hora de añadir de forma masiva, en el caso de los almacenes de datos (Data Warehouses), es habitual que se deshabiliten las relaciones de integridad para realizar operaciones masivas sin tener en cuenta estas restricciones. En este caso, la base de datos no se podría considerar normalizada, lo que no es en sí mismo un problema para determinados tipos de usos.

6.12 Regla 11: independencia de la distribución

La regla de independencia de la distribución debe garantizar que el usuario final no se vea afectado si los datos se distribuyen a varias ubicaciones y que siga pareciendo que los datos están en un solo lugar.

Esta regla se debe respetar en los siguientes casos:

- Cuando se realiza la primera carga de un sistema de gestión de bases de datos distribuidas.
- Cuando una base de datos centralizada se convierte en una base de datos distribuida.

Un ejemplo de independencia de distribución podría ser cuando nuestra biblioteca crece en tamaño y tiene sucursales en varios países. Si cada uno de estos países comienza a tener su propia base de datos, pero desea garantizar el acceso a ella desde una aplicación centralizada, termina con un ejemplo de una base de datos centralizada que se distribuye.

Existen mecanismos para garantizar esa transparencia. Una de ellas podría ser que cada una de estas bases de datos centralizada almacene una copia completa de la base de datos, asegurando que cada una de sus sucursales solo pueda acceder a los datos que le pertenecen.

Esta no es la solución más óptima, pero sería una forma de garantizar la independencia de la distribución.

Esta regla solo se aplicaría a las bases de datos distribuidas ya que, si la base de datos está centralizada, no se tendría en cuenta el caso en el que los datos se distribuyen en varias bases de datos.

6.13 Regla 12: regla de no subversión

La última regla de Codd nos dice que no podemos usar un lenguaje de bajo nivel (por ejemplo, que actualiza un registro cada vez) para poder editar o evitar las reglas de integridad o restricciones que hemos implementado en un lenguaje relacional de alto nivel (que considera varios registros cada vez).

Es decir, en el caso de que exista una interfaz de bajo nivel para poder modificar los registros, esta interfaz no debería permitirnos saltarnos los mecanismos de seguridad que hemos puesto en marcha a través del sistema tradicional de alto nivel, que proporciona el sistema de gestión de bases de datos.

Por ejemplo, para poder acceder a las bases de datos relacionales clásicas, el tipo de lenguaje que podemos utilizar normalmente es SQL, lo que nos permite realizar, por ejemplo, un UPDATE en una tabla y luego aprovechar cualquier restricción relacionada con las restricciones de integridad implementadas.

Sin embargo, a un nivel bajo, esta tabla se encuentra físicamente en uno o más archivos en el disco duro del servidor donde se encuentra la base de datos y si somos capaces de modificar estos archivos, técnicamente podríamos saltarnos cualquier tipo de restricción de integridad.

Por este motivo, el sistema de gestión de bases de datos debe implementar los mecanismos correspondientes para garantizar que no podamos realizar este tipo de cambios. Por ejemplo, es bastante común que los archivos de las bases de datos estén encriptados, lo que hace muy difícil o imposible realizar este tipo de modificación a bajo nivel.

6.14 Relación entre las reglas de Codd y las formas normales

En este capítulo hemos visto, por un lado, las diferentes formas normales y, por otro lado, las reglas de Codd que aplican una serie de reglas generales, aunque estrictas, que debemos respetar. Pero, ¿cuál es la relación entre ambos?

Las 12 reglas de Codd proporcionan un conjunto de reglas generales, mientras que los diferentes niveles de formas normales tienen en cuenta hasta qué punto queremos aplicar estas reglas de acuerdo con nuestras necesidades.

Algunos expertos consideran que la tercera forma normal 3NF es la primera de las formas normales que tienen en cuenta las 12 reglas de Codd, asegurando así que las siguientes formas normales (la cuarta y la quinta) también se ajusten a ellas, ya que son cada vez más restrictivas.

7. Herramientas para realizar la normalización de bases de datos

Estas son algunas herramientas que se pueden utilizar para realizar la normalización de la base de datos. Algunos nos dan una serie de recomendaciones a seguir para conseguir el proceso de normalización, mientras que otros simplemente nos sirven de base para obtener la información necesaria para este proceso.

7.1 Normalization Tool

Creada por la universidad de Griffith, esta herramienta gratuita ayuda a los estudiantes a comprender las diferentes formas normales, las dependencias funcionales y los pasos a seguir al normalizar una base de datos.

Esta herramienta fue creada con fines académicos, por lo que puede ser útil no solo para estandarizar una base de datos de producción, sino también para entender cómo funciona el proceso de normalización de una manera más práctica que a través de un manual.

7.2 Table Analyzer

Table Analyzer es una herramienta específica de Microsoft SQL Server que permite realizar automáticamente análisis sobre la normalización de datos.

Esta herramienta está disponible en el cliente que Microsoft SQL Server proporciona para conectarse a sus bases de datos, que se denomina *SQL Server Management Studio* (SSMS).

No entraremos en los detalles de cómo se usa esta herramienta, porque abordar la administración específica de SQL Server no es parte del propósito de este libro, pero tenga en cuenta que la herramienta permite una automatización considerable de sus bases de datos.

En el siguiente enlace encontrará más información sobre esta herramienta:
https://support.microsoft.com/en-au/office/normalize-your-data-using-the-table-analyzer-8edbb763-5bab-4fbc-b62d-c17b1a40bbe2

7.3 Norma Tool

Norma Tool es parte de la caja de herramientas ORM. Norma es un acrónimo de *Natural ORM Architect for Visual Studio* y está disponible de forma gratuita.

Puede encontrar más información sobre Norma Tools, así como otras herramientas relacionadas, a través del sitio web de ORM Solutions:
https://www.ormsolutions.com/

También existe una versión de Norma Tools a la que se puede acceder desde el navegador sin necesidad de instalación, que puede encontrar en esta misma página.

7.4 DBeaver

DBeaver es una herramienta gratuita que permite el acceso y la administración de bases de datos.

No es realmente una herramienta de normalización de datos, sino una herramienta de administración. Por lo tanto, realizará la normalización automáticamente, pero puede ser una herramienta muy útil para proporcionar la información necesaria para realizar sus análisis.

7.5 Nota final: ninguna herramienta puede automatizar la normalización

Como nota final para este capítulo, hay que tener en cuenta que la normalización de una base de datos no es un proceso que se deba automatizar, ya que la necesidad de estandarizar los datos dependerá en gran medida del tipo de datos con los que estemos trabajando y de cómo queramos utilizarlos.

Las diversas herramientas que se presentan en este capítulo sirven para ayudar a llevar a cabo este análisis. Pueden acelerar el proceso de comprensión de la normalización y dar consejos y recomendaciones, en función de la herramienta que estemos utilizando.

Incluso es posible que en el futuro existan herramientas más avanzadas que utilicen la inteligencia artificial para facilitar la normalización y que permitan el análisis automático de datos a partir de una base de datos de conocimiento.

Sin embargo, este análisis nunca se puede realizar automáticamente en su totalidad porque no existe una regla universal para normalizar una base de datos.

La normalización se basa en un conjunto de recomendaciones, que pueden o no aplicarse en función del uso de la base de datos. La automatización de la normalización podría dar lugar a la creación de bases de datos innecesariamente complejas, lo que es lo contrario del objetivo original, que es precisamente facilitar el uso de las bases de datos y el acceso a la información de manera eficiente.

Capítulo 5
Crear la base de datos

1. Introducción

En los capítulos anteriores, pudimos analizar los diferentes pasos involucrados en el diseño de una base de datos, determinar sus requisitos y definir las reglas a seguir para crearla.

En este capítulo, procederemos con la creación de la base de datos. Es decir, materializaremos los conceptos teóricos que hemos estudiado anteriormente.

2. Pasos a seguir para la creación de nuestra base de datos

2.1 Conceptos técnicos

Hay dos formas principales de crear una base de datos:

- Crear la base de datos desde cero, con la configuración predeterminada.
- Crear una nueva base de datos a partir de una plantilla que creamos anteriormente.

Aparte de eso, tenemos una gran cantidad de opciones a nuestra disposición para configurar nuestra base de datos.

Las opciones disponibles dependerán de la versión de la base de datos que utilicemos, pero la idea principal es que tendremos que asignar un usuario a la base de datos y decidir en qué directorio se almacenarán sus archivos.

Es importante definir qué es un usuario y un esquema.

Un **esquema** es una estructura lógica que agrupa todos los objetos que son propiedad de un usuario.

Por su parte, un **usuario** define el nombre, la contraseña y los privilegios con los que se puede establecer una conexión con la base de datos. En algunos casos, puede ser interesante crear un usuario de solo lectura y, en otros, un usuario que tenga el control total. También es posible crear otros tipos de usuarios, como veremos en los apartados de Autenticación y Autorización de este mismo capítulo.

Una **base de datos**, que también es una estructura lógica, que contiene esquemas.

Una **tabla** es una estructura lógica que contiene registros. La tabla se considera el conjunto lógico en el que podemos almacenar estos registros. En el caso de las bases de datos referenciales, estas tablas tienen relaciones entre sí.

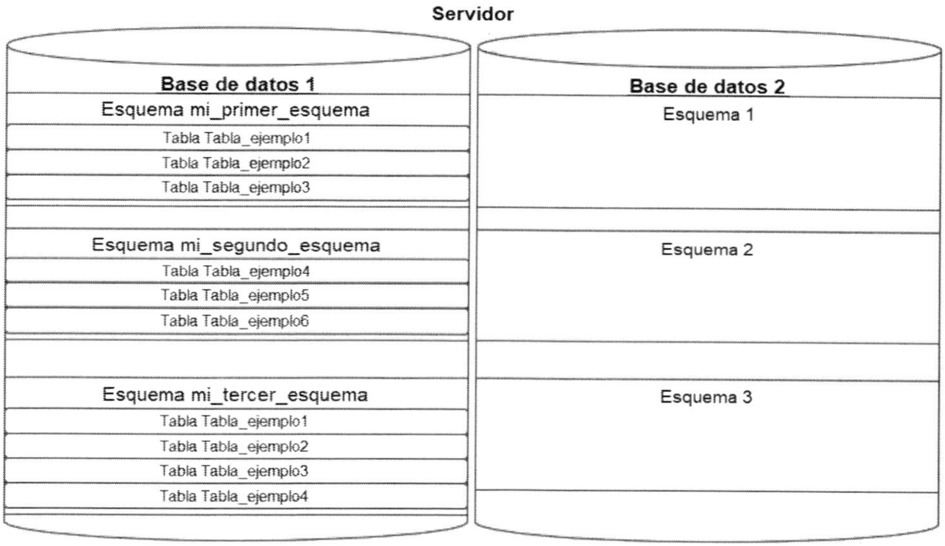

Servidor

Base de datos 1
Esquema mi_primer_esquema
Tabla Tabla_ejemplo1
Tabla Tabla_ejemplo2
Tabla Tabla_ejemplo3
Esquema mi_segundo_esquema
Tabla Tabla_ejemplo4
Tabla Tabla_ejemplo5
Tabla Tabla_ejemplo6
Esquema mi_tercer_esquema
Tabla Tabla_ejemplo1
Tabla Tabla_ejemplo2
Tabla Tabla_ejemplo3
Tabla Tabla_ejemplo4

Base de datos 2
Esquema 1
Esquema 2
Esquema 3

Este diseño se podría resumir de la siguiente manera:

```
- Servidor
    - Base de datos 1           - Esquema
mi_primer_esquema                 - Tabla Tabla_ejemplo1
              - Tabla Tabla_ejemplo2
              - Tabla Tabla_ejemplo3
         - Esquema mi_segundo_esquema
              - Tabla Tabla_ejemplo4
              - Tabla Tabla_ejemplo5
              - Tabla Tabla_ejemplo6
         - Esquema mi_tercer_esquema
              - Tabla Tabla_ejemplo1
              - Tabla Tabla_ejemplo2
              - Tabla Tabla_ejemplo3
              - Tabla Tabla_ejemplo4
    - Base de datos 2
         - Esquema 1
         - Esquema 2
         - Esquema 3
```

Observación

Podemos observar que el nombre "Tabla_ejemplo1" puede existir varias veces en la base de datos "Base de datos 1", siempre y cuando las tablas estén en esquemas separados. Esto no es un problema y, en general, los motores de bases de datos lo permiten. Sin embargo, si quisiéramos crear una tabla con el mismo nombre en el mismo esquema, esto no sería posible. Esto es lo que llamamos Namespace: un nombre utilizado por un objeto de base de datos que pertenece a un espacio específico, lo que nos permite tener dos tablas con el mismo nombre en diferentes esquemas.

2.2 Análisis previo a la creación de nuestra base de datos

Ahora que hemos establecido esos conceptos básicos, definamos un ejemplo específico. Digamos que queremos diseñar la base de datos de una escuela y crear una base de datos para inscribir a los estudiantes en diferentes cursos en línea.

El primer paso sería definir con precisión qué datos se deben almacenar en la base de datos; a esto se le llama análisis previo.

Por ejemplo, en este caso, la información que queremos almacenar es la siguiente:

- Un listado de alumnos, con sus datos personales.
- Una lista de profesores, también con su información personal.
- Una lista de las clases que imparten los profesores y a las que asistirán los estudiantes.
- Personal administrativo que se encargará de registrar la información en la base de datos.
- Un usuario de consulta que es responsable de generar informes para ser enviados al consejo de administración.

Por lo tanto, podemos traducir estas necesidades funcionales en las siguientes:

- Necesitaremos una base de datos llamada escuela.
- Vamos a crear una tabla de estudiantes, otra de profesores y una para los cursos.
- Vamos a crear tablas de relaciones: profesor_curso, estudiante_curso.
- Vamos a crear un usuario administrativo, que es el propietario de la base de datos y, por lo tanto, puede modificar tantos objetos como sea necesario.
- El usuario de la consulta será un usuario de solo lectura.
- Por último, utilizaremos un único esquema ya que consideramos que toda la información forma parte de un entorno común.

Observación

Al asignar nombres a una tabla, atributo o usuario, es mejor no usar acentos en su definición. El uso de acentos puede causar problemas al trabajar con estos objetos, por lo que no usarlos simplifica la administración de la base de datos.

3. Requisitos de hardware

Comprender los requisitos de hardware en el contexto de la creación de una base de datos, es esencial para garantizar el funcionamiento eficiente y confiable de cualquier sistema de gestión de datos. Los componentes físicos que componen la infraestructura de hardware desempeñan un papel fundamental en el rendimiento, la escalabilidad y la disponibilidad de una base de datos. A lo largo de esta discusión en profundidad, exploraremos cuidadosamente los diversos aspectos relacionados con los requisitos de hardware y su importancia en el diseño y la implementación de bases de datos.

En primer lugar, es esencial comprender que la elección del hardware adecuado depende en gran medida de las necesidades específicas de la base de datos que se va a crear. Los sistemas de administración de bases de datos (SGBD) pueden variar en términos de capacidad de procesamiento, memoria, almacenamiento y tolerancia a errores. Por lo tanto, antes de tomar una decisión de hardware, es imperativo realizar un análisis exhaustivo de los requisitos de la base de datos. Esto incluye tener en cuenta el volumen de datos, la carga de trabajo esperada, la simultaneidad de usuarios, la velocidad de acceso necesaria y la disponibilidad deseada.

Uno de los aspectos clave de los requisitos de hardware es la capacidad de procesamiento. La CPU (*Central Processing Unit*) desempeña un papel crucial en la velocidad a la que una base de datos puede realizar operaciones de lectura y escritura. Para las bases de datos de alto rendimiento, es esencial contar con un procesador potente que pueda manejar consultas complejas y transacciones simultáneas, sin experimentar retrasos significativos. Además, la arquitectura multinúcleo y las capacidades de paralelización, son factores a tener en cuenta para optimizar el rendimiento.

RAM (*Random Access Memory*) es otro componente esencial de la infraestructura de hardware de una base de datos. La cantidad de memoria disponible afecta directamente a la capacidad de la base de datos para almacenar en caché los datos a los que se accede con frecuencia y reducir la necesidad de acceder a dispositivos de almacenamiento más lentos. Cuanta más RAM esté disponible, más datos se pueden mantener en la memoria, lo que acelera las consultas y mejora la eficiencia general del sistema. Es importante ajustar el tamaño de la memoria de forma adecuada en función del tamaño de la base de datos y los requisitos de rendimiento.

El almacenamiento es otro aspecto crítico de los requisitos de hardware de una base de datos. Elegir el tipo de almacenamiento, como unidades de disco duro (HDD) o unidades de estado sólido, puede marcar una gran diferencia en términos de rendimiento y capacidad de respuesta. Los SSD son considerablemente más rápidos que los HDD debido a su falta de partes móviles, lo que los hace ideales para bases de datos que requieren un acceso rápido a los datos. Además, la capacidad de almacenamiento debe ser suficiente para escalar con el tamaño de la base de datos actual y permitir el crecimiento futuro.

La redundancia y la tolerancia a errores son factores críticos en la planificación del hardware de las bases de datos empresariales. La pérdida de datos o la interrupción del servicio pueden ser costosas y perturbadoras para cualquier organización. Por lo tanto, se deben implementar estrategias de almacenamiento redundante, como RAID (*Redundant Array of Independent Disks*), para garantizar que la base de datos siga funcionando, incluso en caso de fallo de hardware. Además, la realización de copias de seguridad periódicas y la implementación de planes de recuperación ante desastres, son las mejores prácticas para garantizar la integridad de los datos.

La conectividad de red también es un aspecto importante de los requisitos de hardware de una base de datos. La velocidad y la confiabilidad de la red pueden tener un impacto significativo en la transferencia de datos entre la base de datos y las aplicaciones cliente. En entornos empresariales, es habitual utilizar conexiones de red redundantes y de alta velocidad para garantizar un acceso rápido y fiable a la base de datos desde múltiples ubicaciones y dispositivos.

La elección del sistema operativo es otro factor a tener en cuenta en los requisitos de hardware. La mayoría de los sistemas de gestión de bases de datos son compatibles con varios sistemas operativos, como Windows, Linux y macOS. La elección del sistema operativo se debe basar en la familiaridad y experiencia del equipo de administración de la base de datos, así como en los requisitos específicos de la aplicación.

La virtualización es una tendencia creciente en el mundo de la gestión de bases de datos y puede influir en los requisitos de hardware. La virtualización permite la consolidación de servidores y la optimización de recursos, lo que puede conducir a un uso más eficiente del hardware. Sin embargo, es importante tener en cuenta que la virtualización también introduce cierta sobrecarga y latencia. Por lo tanto, se debe evaluar cuidadosamente en función de las necesidades de rendimiento de la base de datos.

4. Instalación del sistema operativo

La instalación del sistema operativo es un paso crítico en el proceso de creación de bases de datos, ya que proporciona la plataforma en la que se ejecutarán los sistemas de gestión de bases de datos (SGBD) y donde se almacenarán los datos. En esta sección, exploraremos en detalle los aspectos clave de la instalación del sistema operativo en el contexto de la creación de bases de datos, así como algunos ejemplos de consideraciones relevantes.

En primer lugar, la elección del sistema operativo es una decisión importante que afectará significativamente a la configuración y el rendimiento de la base de datos. Los sistemas operativos más comunes para la gestión de bases de datos incluyen Windows Server, varias distribuciones de Linux (como Ubuntu, CentOS o Red Hat Enterprise Linux) y sistemas Unix. La elección se debe basar en factores como la compatibilidad con el SGBD específico que se va a utilizar, la familiaridad del equipo de administración con el sistema operativo y los requisitos de la aplicación.

La instalación del sistema operativo se debe realizar de acuerdo con las mejores prácticas recomendadas por el proveedor del sistema operativo. Esto incluye la selección de las opciones de instalación adecuadas, como configuraciones mínimas o personalizadas según sea necesario y la configuración de medidas de seguridad, como contraseñas de administrador seguras y políticas de firewall.

En entornos empresariales y de alta disponibilidad, es habitual el uso de soluciones de virtualización para instalar sistemas operativos en servidores físicos. Algunos ejemplos de plataformas de virtualización son VMware vSphere, Microsoft Hyper-V y KVM en Linux. La virtualización permite la consolidación de servidores, la administración eficiente de recursos y la implementación rápida de sistemas operativos y bases de datos en máquinas virtuales.

La seguridad es una consideración fundamental a la hora de instalar el sistema operativo. Se deben implementar medidas de seguridad como firewalls, actualizaciones de seguridad periódicas y configuraciones de seguridad específicas para proteger el sistema operativo y los datos almacenados en él. Además, se deben seguir las prácticas recomendadas de protección del sistema operativo para reducir la superficie expuesta a ataques.

La instalación del sistema operativo también debe tener en cuenta los requisitos de almacenamiento. Esto implica seleccionar y configurar las unidades de almacenamiento que se utilizarán para alojar tanto el sistema operativo como los archivos de datos de la base de datos. Es importante dimensionar correctamente el almacenamiento para satisfacer las necesidades actuales y futuras de la base de datos, teniendo en cuenta factores como el crecimiento de los datos y los requisitos de rendimiento.

La gestión de usuarios y permisos es otra consideración esencial a la hora de instalar el sistema operativo. Se deben crear cuentas de usuario y establecer los permisos adecuados para garantizar que solo las personas autorizadas tengan acceso al sistema y a los recursos relacionados con la base de datos. El principio de permisos mínimos es importante, lo que significa que los usuarios solo deben recibir los permisos necesarios para realizar sus tareas específicas.

La instalación del sistema operativo es un paso esencial en la creación de bases de datos. La elección del sistema operativo adecuado, la implementación de medidas de seguridad, la consideración de los requisitos de almacenamiento, la gestión de usuarios y permisos y el seguimiento de las mejores prácticas, son elementos clave para garantizar una base sólida sobre la que se puedan construir sistemas de gestión de bases de datos eficaces y seguros. Todos los aspectos de la instalación se deben llevar a cabo meticulosamente para garantizar un entorno estable y fiable para la gestión de datos.

Ventajas y desventajas de instalar sistemas de gestión de bases de datos en sistemas UNIX

En la búsqueda constante de sistemas que ofrezcan eficiencia, confiabilidad y robustez para manejar grandes volúmenes de datos, los sistemas UNIX se han consolidado como una plataforma sólida y preferida para la instalación de sistemas de gestión de bases de datos (SGBD). En esta sección, exploraremos en profundidad las ventajas y desventajas de utilizar sistemas UNIX como entorno para los SGBD.

Beneficios de usar UNIX para SGBD

- **Estabilidad y fiabilidad**: UNIX es conocido por su estabilidad y fiabilidad. Los SGBD alojados en sistemas UNIX tienden a experimentar menos bloqueos y bloqueos inesperados, lo que garantiza una alta disponibilidad. Esto es fundamental en aplicaciones empresariales críticas, que requieren disponibilidad constante.
- **Rendimiento**: UNIX está optimizado para el rendimiento, lo que resulta en una ejecución más rápida de consultas y operaciones de base de datos. Los SGBD pueden aprovechar la eficiente gestión de recursos de UNIX para garantizar un alto rendimiento en entornos de alta carga.
- **Escalabilidad**: UNIX es altamente escalable y se puede adaptar fácilmente a las crecientes demandas de almacenamiento y procesamiento de datos. La arquitectura UNIX permite una expansión transparente, lo cual es esencial para las empresas que esperan un crecimiento significativo en sus bases de datos.
- **Seguridad**: los sistemas UNIX tienen una sólida reputación de seguridad. Los SGBD pueden aprovechar las funciones de seguridad integradas de UNIX, como la autenticación de usuarios, el control de acceso y la auditoría, para proteger los datos empresariales críticos.
- **Flexibilidad y personalización**: UNIX ofrece una gran flexibilidad y posibilidades de personalización. Los administradores de bases de datos pueden ajustar y configurar el sistema operativo según las necesidades específicas de su SGBD, lo que permite una optimización detallada.

- **Compatibilidad y portabilidad**: UNIX es compatible con una amplia gama de hardware y software. Esto facilita la migración de bases de datos entre diferentes sistemas UNIX o la integración con otras aplicaciones empresariales.

Desventajas de usar UNIX para SGBD

- **Curva de aprendizaje**: UNIX puede ser complejo para los administradores de bases de datos y el personal informático que no están familiarizados con él. La curva de aprendizaje puede ser importante y requerir capacitación y experiencia adicionales.
- **Disponibilidad de personal especializado**: encontrar personal altamente calificado y con experiencia en sistemas UNIX puede ser un desafío. La demanda de expertos en UNIX suele ser alta, lo que puede dar lugar a problemas de contratación.
- **Compatibilidad de aplicaciones**: algunas aplicaciones específicas pueden no ser compatibles con los sistemas UNIX, lo que puede requerir un esfuerzo adicional para encontrar soluciones alternativas o adaptarlas al entorno UNIX.
- **Tamaño y soporte de la comunidad**: aunque UNIX tiene una comunidad fuerte, es más pequeño en tamaño que otros sistemas operativos más populares. Esto puede resultar en un soporte técnico limitado y menos recursos disponibles en línea.

5. Sistemas de gestión de bases de datos

Los sistemas de gestión de bases de datos (SGBD) son herramientas fundamentales para gestionar y organizar datos en una variedad de contextos, desde aplicaciones empresariales hasta sistemas de almacenamiento de información en línea. En esta sección, profundizaremos en los aspectos clave relacionados con los sistemas de gestión de bases de datos y proporcionaremos ejemplos de SGBD ampliamente utilizados.

Un sistema de gestión de bases de datos es un software diseñado para gestionar eficazmente la creación, almacenamiento, recuperación, modificación y eliminación de datos de forma estructurada. Los SGBD son esenciales para garantizar la integridad, seguridad y disponibilidad de los datos, además de facilitar la consulta y el análisis de la información almacenada.

Existen varios tipos de sistemas de gestión de bases de datos y la elección del SGBD adecuado depende de las necesidades específicas de la aplicación. A continuación, se muestran algunos ejemplos de SGBD ampliamente utilizados:

- **MySQL**: MySQL es un SGBD de código abierto muy utilizado, que destaca por su rendimiento y escalabilidad. Es una opción popular para aplicaciones web y comerciales y es conocida por su facilidad de uso y compatibilidad con muchos lenguajes de programación.
- **Oracle Database**: Oracle Database es un SGBD líder en el mercado, utilizado en empresas y organizaciones de todo el mundo. Ofrece una amplia gama de funciones, como la gestión de grandes volúmenes de datos, la alta disponibilidad y la seguridad avanzada.
- **Microsoft SQL Server**: SQL Server es una solución de base de datos desarrollada por Microsoft y comúnmente utilizada en entornos empresariales que se ejecutan en el ecosistema de Microsoft. Ofrece una fuerte integración con otras aplicaciones de Microsoft y opciones avanzadas de seguridad y análisis.
- **PostgreSQL**: PostgreSQL es un SGBD de código abierto conocido por su robustez y capacidad para manejar datos geoespaciales y de gran volumen. Es apreciado por su comunidad activa y su apoyo a los estándares SQL avanzados.
- **MongoDB**: MongoDB es un ejemplo de base de datos NoSQL, que se utiliza para almacenar datos no estructurados o semiestructurados. Destaca por su flexibilidad y escalabilidad, siendo especialmente adecuado para aplicaciones que gestionan datos de tipo documento.
- **IBM Db2**: Db2 es una familia de productos de gestión de bases de datos, desarrollados por IBM. Se utiliza en una variedad de entornos comerciales y ofrece una amplia gama de funciones, incluida la gestión de datos en tiempo real y análisis avanzados.

La elección del SGBD adecuado depende de factores como la complejidad de la aplicación, los requisitos de rendimiento, la escalabilidad, la seguridad y el presupuesto disponible. Cada SGBD tiene sus propias fortalezas y debilidades, por lo que es esencial evaluar cuidadosamente las necesidades específicas antes de tomar una decisión.

6. Configurar la estructura que modelamos

Ahora veamos cómo crear la base de datos que imaginamos anteriormente.

6.1 Crear nuestra primera base de datos: Escuela

Crearemos nuestra primera base de datos para poner en práctica los conceptos vistos hasta ahora. Para ello, utilizaremos DbSchema, cuya instalación y uso explicamos en el capítulo Modelado de datos.

▶ Inicie sesión en DbSchema y haga clic en la opción **Connect to Database**:

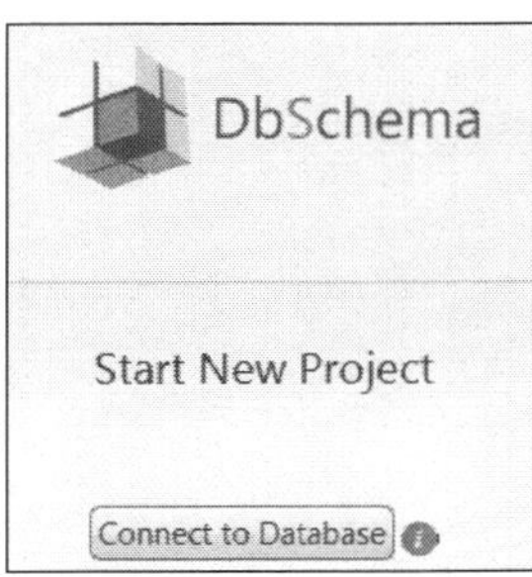

▶ A continuación, seleccione la base de datos que estamos creando. En este ejemplo, suponemos que MySQL ya está instalado en el servidor, pero nuestro ejemplo es aplicable a otros SGBD. Para ello, crearemos la base de datos de forma gráfica para evitar diferencias de sintaxis.

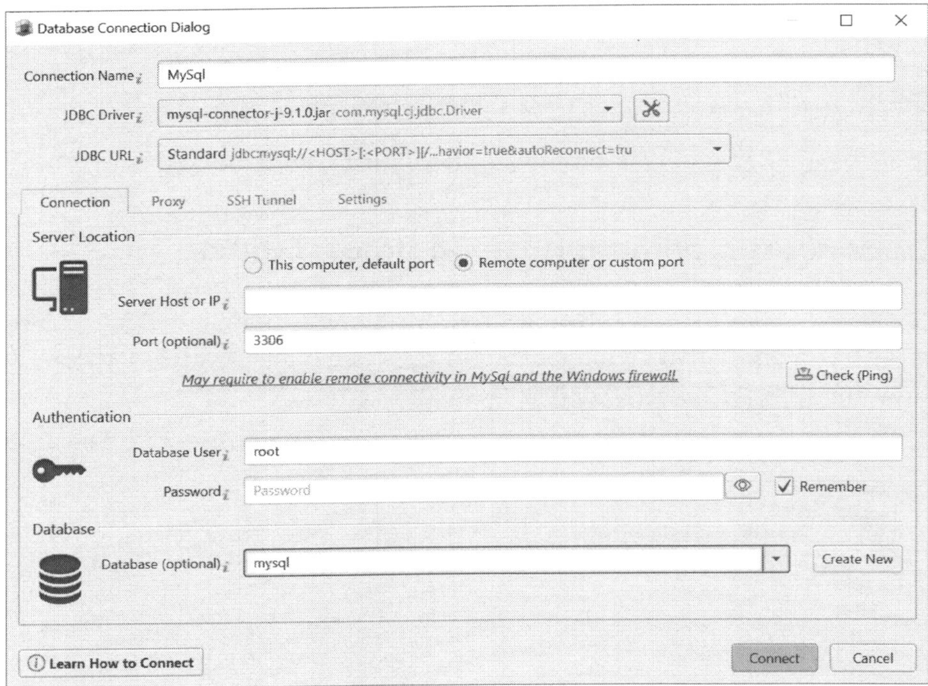

▶ Seleccione la base de datos a la que desea conectarse. Dado que se trata de crear una nueva base de datos, haga clic en **Create New**:

Database
Database (optional) escuela
Create New

▶ Escriba el nombre de la base de datos que desea crear; En este caso, se llamará "escuela". Le recordamos que no utilizaremos acentos, como explicamos en los capítulos anteriores, para evitar problemas a la hora de crear consultas.

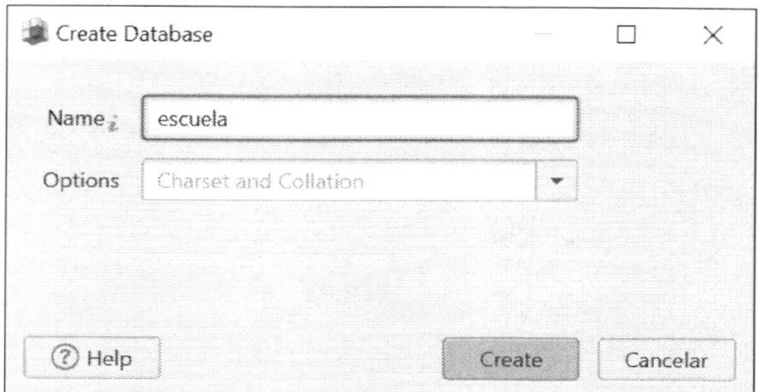

▶ A continuación, puede marcar los objetos que desea seleccionar. Esta es una base de datos nueva, por lo que está vacía.

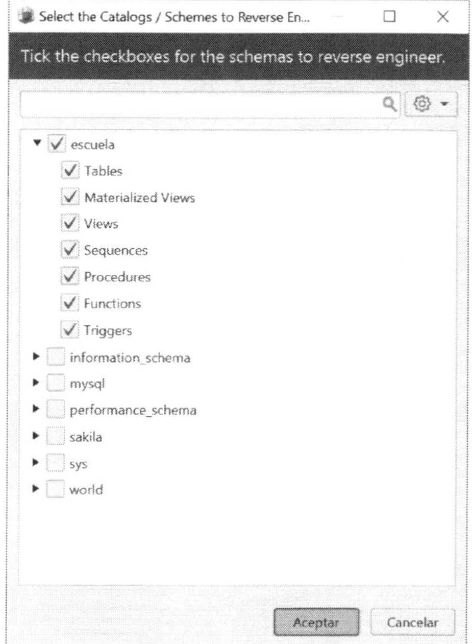

Después de seguir estos pasos, su base de datos ya está creada y puede comenzar a crear los distintos objetos.

6.2 Crear las tablas de estudiantes, profesores y cursos

Seguidamente tiene que crear las diferentes tablas que necesita para almacenar la información.

Debemos comenzar creando la tabla de estudiante, donde definiremos las siguientes columnas:

- una identificación del estudiante de tipo numérico,
- el nombre del estudiante,
- su apellido,
- su fecha de nacimiento,
- su dirección de correo electrónico.

Observación

En general, se recomienda usar un campo específico para el ID de cada tabla, lo que le permite identificar un campo de forma única, independientemente de los datos que contenga. En otros modelos de datos, este ID puede ser un campo existente que podría identificar de forma única un dato, como el número de la seguridad social de una persona o la matrícula de un vehículo. Sin embargo, el uso de un identificador independiente nos garantiza flexibilidad, homogeneización en la estructura de nuestras tablas, entre otras ventajas.

La sintaxis para crear la tabla de estudiantes con SQL será la siguiente (los tipos de datos son compatibles con MySQL pero podrían diferir con otros SGBD):

```
CREATE TABLE estudiante (
    id_estudiante INT PRIMARY KEY,
    nombre VARCHAR (100) NOT NULL,
    apellido VARCHAR (60) NOT NULL,
    fecha_de_nacimiento TIMESTAMP,
    mail VARCHAR (255),
);
```

Para crear la tabla de manera gráfica, se puede utilizar DbSchema. Necesitamos rellenar los siguientes campos a la hora de crear una nueva tabla y seleccionar cuidadosamente los diferentes tipos de datos para cada una de las columnas que creamos. En la siguiente captura de pantalla se muestra un ejemplo de cómo crear esta tabla:

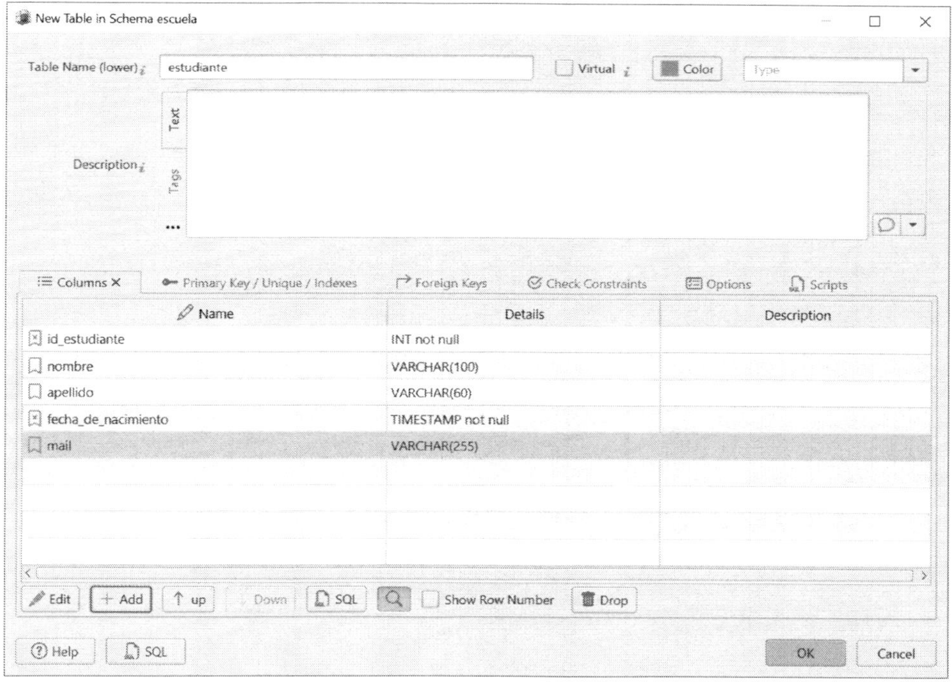

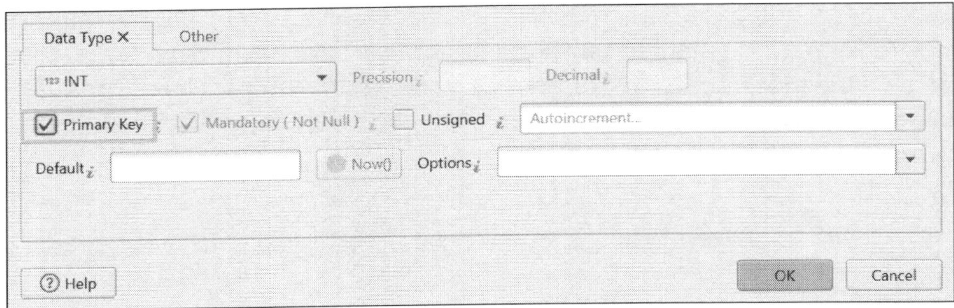

A la hora de crear la tabla, observamos lo siguiente:

- La tabla contiene atributos y cada uno es de un tipo diferente. Algunos ejemplos de tipos de datos son **VARCHAR** para una cadena de texto y **TIMESTAMP** para una fecha. Por el momento, no entraremos en más detalles sobre este aspecto.
- **PRIMARY KEY**: esta es una clave primaria, que tiene una serie de propiedades especiales asignadas al campo. Una clave primaria debe ser única, habrá un índice asociado a esa clave primaria y también se puede usar para hacer referencia a la tabla con otra tabla foránea. Por ejemplo, si queremos referirnos a los estudiantes que están participando en un curso específico más adelante, podemos usar el campo id_estudiante. Veremos este concepto más adelante por lo que, de momento, nos quedamos con el hecho de que una clave primaria (**PRIMARY KEY**) se puede asociar con la clave externa (**FOREIGN KEY**) de otra tabla.

Posteriormente, es cuestión de crear nuestra segunda tabla, que se llamará "profesor". Los campos de esta tabla se deben definir de la siguiente manera:

- un identificador del profesor de tipo numérico,
- el nombre,
- el apellido,
- la especialidad (por ejemplo, Ciencias de la Computación),
- la dirección de correo electrónico del profesor.

La sintaxis para crear la tabla del profesor será la siguiente:

```
CREATE TABLE profesor (
    id_profesor INT PRIMARY KEY,
    nombre VARCHAR (100) NOT NULL,
    apellido VARCHAR (60) NOT NULL,
    especialidad VARCHAR (100),
    mail VARCHAR (255)
);
```

También es posible utilizar DbSchema para crear este objeto de manera gráfica. En la siguiente captura de pantalla se muestra un ejemplo:

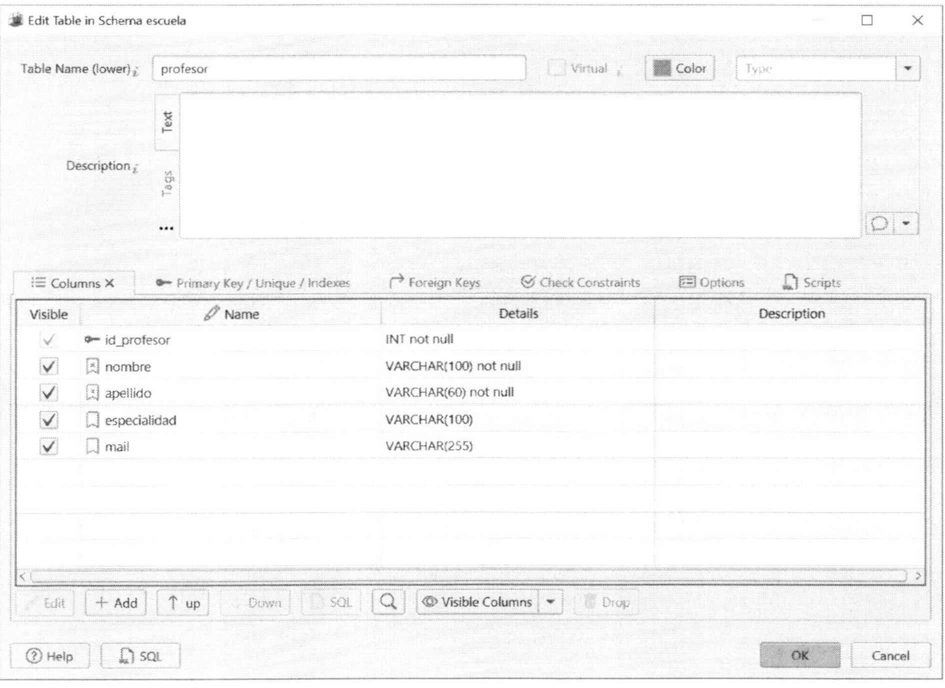

Vamos a introducir ahora un nuevo concepto, que vimos en la tabla anterior, pero que no detallamos. Este concepto es el de **NOT NULL**.

NOT NULL es una propiedad de un atributo de tabla o columna, que define que un valor introducido aquí no puede ser NULL. Un valor NULL es un valor que aún no se ha establecido, que no es lo mismo que una cadena vacía.

En otras palabras:

```
NULL != ''
```

La tercera tabla que vamos a crear en esta base de datos es la tabla de cursos, donde definiremos la lista de cursos impartidos en nuestra escuela online. La lista de atributos será la siguiente:

- un identificador del curso de tipo numérico,
- el nombre del curso (por ejemplo, Curso de Diseño de Bases de Datos),
- la especialidad del curso (por ejemplo, Ciencias de la Computación),
- el número de horas lectivas.

Por lo tanto, la sintaxis para crear la tabla del curso será la siguiente:

```
CREATE TABLE cursos (
    id_curso INT PRIMARY KEY,
    nombre VARCHAR (100) NOT NULL,
    especialidad VARCHAR (100) NOT NULL,
    n_horas INT NOT NULL,
);
```

Gráficamente, también podemos hacerlo así:

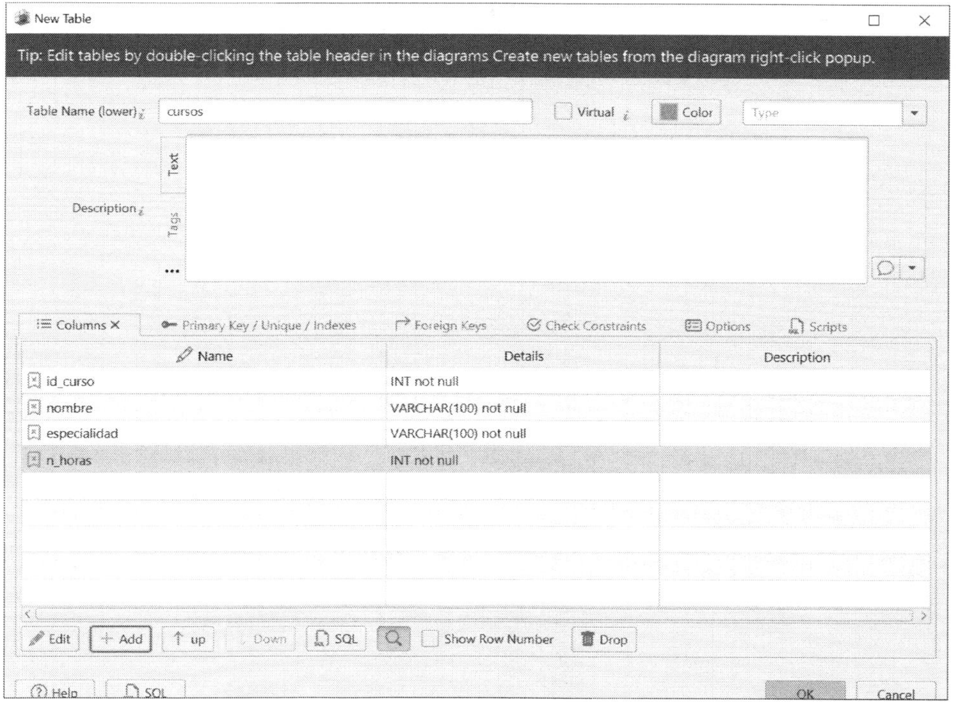

Cuando creamos esta tabla, nos dimos cuenta de que la especialidad es una columna de tipo **NOT NULL**; queremos que un curso siempre esté asociado a una especialidad.

Podemos ver aquí que el campo n_horas se define como el tipo de datos numérico **INT**, lo que nos permite definir un tipo numérico. Hay diferentes tipos de datos numéricos, pero por ahora nos quedamos con la idea de que **INT** nos permite definir números en lugar de caracteres.

En este caso, esto nos permitirá definir el número de horas de un curso.

6.3 Creación de las tablas de relaciones: profesor_cursos y estudiante_cursos

Vamos a crear dos tablas que se encargarán de enlazar las tres tablas que ya hemos creado.

La tabla profesor_cursos contendrá los cursos que un profesor está impartiendo. Su estructura será la siguiente:

- un identificador de la tabla de relación,
- el identificador del profesor,
- el identificador del curso,
- la fecha de inicio de la formación,
- la fecha de finalización de la formación.

La sintaxis para crear la tabla en cuestión es la siguiente:

```
CREATE TABLE profesor_curso (
    id_profesor_curso INT PRIMARY KEY,
    id_profesor INT NOT NULL,
    id_curso INT NOT NULL,
    inicio_de_formacion TIMESTAMP NOT NULL,
    fin_de_formacion TIMESTAMP NOT NULL,
    FOREIGN KEY (id_profesor)
      REFERENCES profesor (id_profesor),
    FOREIGN KEY (id_curso)
      REFERENCES cursos (id_curso)
);
```

Aquí, observamos el mismo resultado cuando se crea el objeto gráficamente.

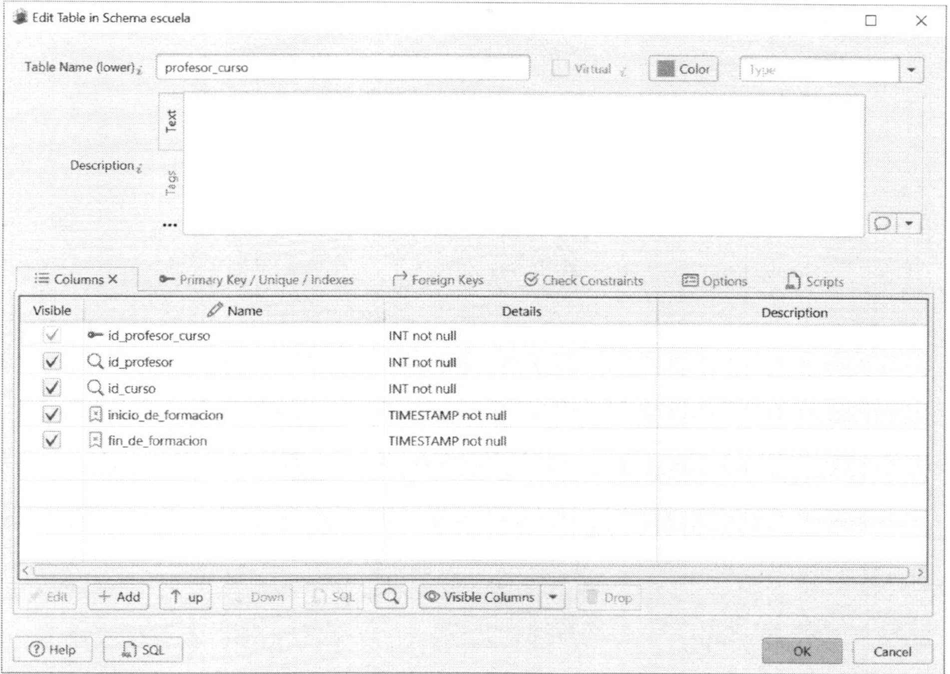

Para crear gráficamente la integridad referencial, haga clic en **Foreign Keys** y cree las claves como en la imagen.

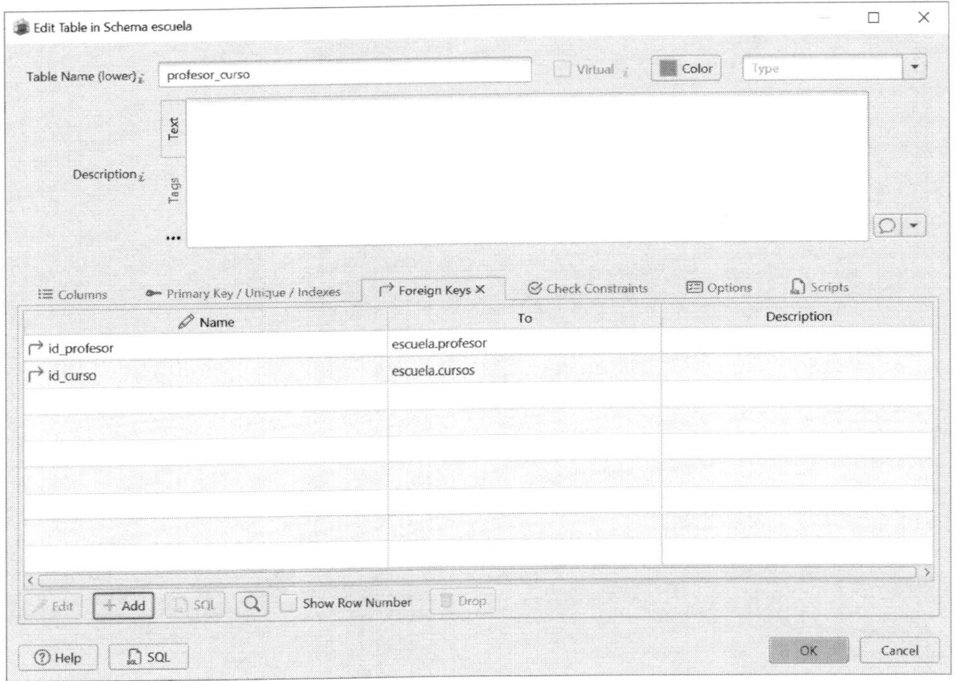

Para ver las relaciones, el modo gráfico es más explícito, ya que podemos observar claramente las diferentes relaciones entre las tablas. Aquí puede ver las relaciones entre los objetos que hemos creado anteriormente.

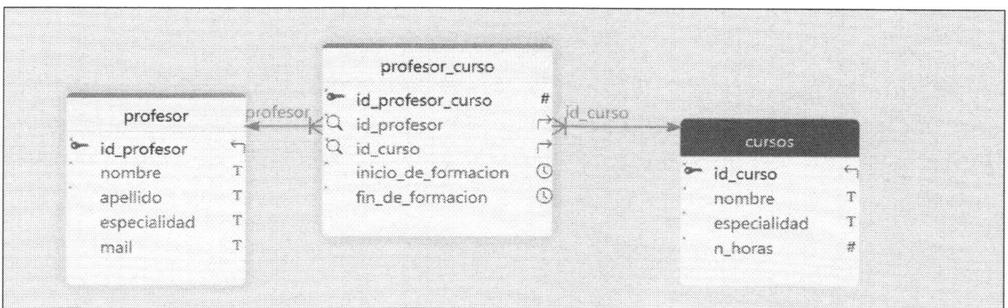

Vamos a presentar algunos conceptos interesantes. En primer lugar, vemos que esta tabla de relaciones se encarga de hacer el enlace entre otras dos tablas, pero también contiene información por sí misma, en particular las fechas de inicio y fin de una formación.

También vemos que estamos creando una clave foránea (**FOREIGN KEY**) a la que nos hemos referido anteriormente. Para ello, utilizamos la palabra clave **REFERENCES**: creamos una clave foránea entre el atributo de una tabla y la clave primaria de otra tabla y esto establece una jerarquía padre-hijo.

Este tipo de relación tiene propiedades especiales. Por ejemplo, si intentamos eliminar un registro de la tabla padre que tiene registros relacionados en la tabla hija, obtendremos un mensaje de error: primero debemos eliminar los datos de la tabla hija antes de eliminar su tabla padre.

Sin embargo, para asignar un registro asociado a una clave externa, primero debe crear su entrada en el campo correspondiente a su clave primaria. En el caso que nos corresponda, para crear un curso en el que un curso esté vinculado a una especialidad, el curso y la especialidad deben haber sido creados previamente.

Ahora que hemos creado esta tabla, el siguiente paso es crear la tabla estudiante_cursos. Esta tabla nos permitirá definir los cursos que recibe cada estudiante, ya que un estudiante puede estudiar diferentes cursos al mismo tiempo.

La estructura de la tabla sería la siguiente:

- un identificador para la tabla de relación,
- el identificador del estudiante,
- el identificador del curso,
- la fecha de inicio de la formación,
- la fecha de finalización de la formación.

Vemos que hemos establecido una fecha de fin para el alumno y el profesor para cada formación. Esto puede tener sentido en el caso de que la misma materia se pueda impartir por varios profesores en diferentes fechas y, a su vez, un estudiante puede decidir abandonar un curso antes de que se complete.

En cualquier caso, la estructura de una base de datos no se debe tomar a la ligera, ya que cambiarla puede tener un gran impacto una vez que esté en producción.

La sintaxis resultante sería la siguiente:

```
CREATE TABLE estudiante_curso (
    id_estudiante_curso INT PRIMARY KEY,
    id_estudiante INT NOT NULL,
    id_curso INT NOT NULL,
    inicio_de_formacion TIMESTAMP NOT NULL,
    fin_de_formacion TIMESTAMP NOT NULL,
    FOREIGN KEY (id_estudiante)
      REFERENCES estudiante (id_estudiante),
    FOREIGN KEY (id_curso)
      REFERENCES cursos (id_curso)
);
```

Aquí, puedes ver su equivalente, hecho gráficamente:

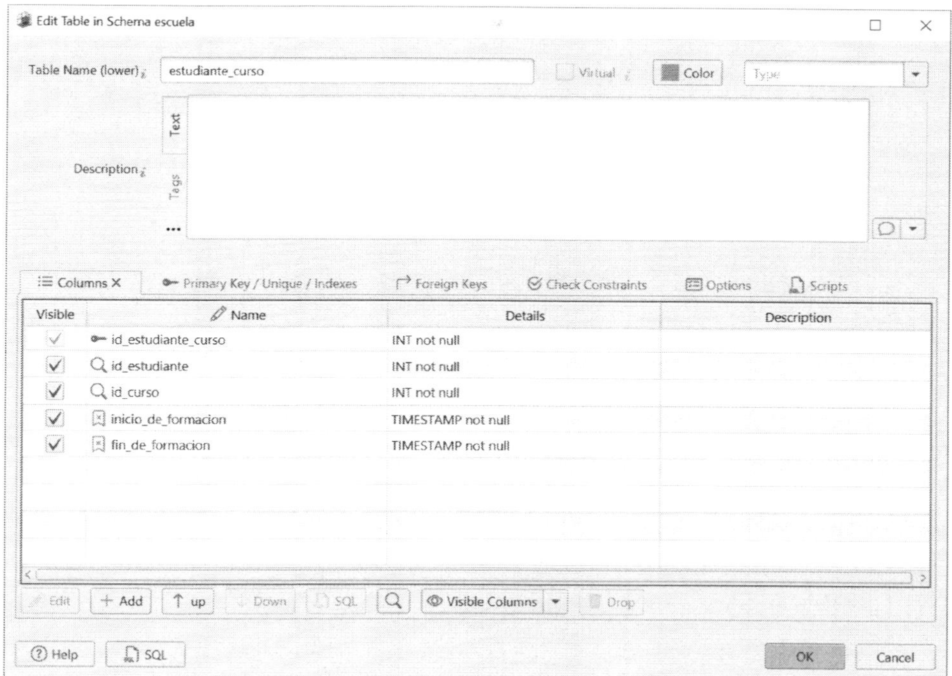

En esta tabla, creamos una nueva clave externa que apunta a una clave primaria que ya tenía una asociación de clave primaria/clave foránea. Por lo tanto, podemos ver que es posible que varias claves foráneas hagan referencia a una clave primaria.

Finalmente, podemos ver aquí el modelo de base de datos que creamos en esta sección.

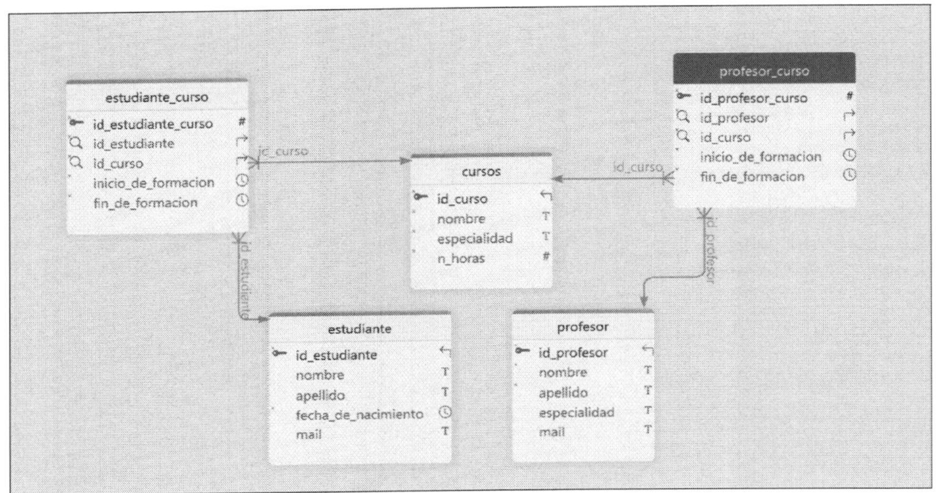

6.4 Autenticación

La autenticación es el primer pilar de la seguridad de los datos. Esto es para verificar la identidad de los usuarios y garantizar que solo las personas autorizadas tengan acceso a la base de datos. Los métodos de autenticación, en términos generales, pueden ir desde contraseñas y códigos PIN, hasta autenticación de dos factores o biometría, dependiendo de la sensibilidad de los datos y los requisitos de seguridad.

Existen varias técnicas de autenticación de bases de datos y una de las más utilizadas es el LDAP (*Lightweight Directory Access Protocol*). LDAP es un protocolo estándar que se utiliza para acceder y autenticar a los usuarios en un directorio de información, como un directorio de usuarios en una base de datos.

Ejemplo de autenticación con LDAP en una base de datos

Imaginemos una empresa que utiliza una base de datos centralizada para gestionar la información de sus empleados. Esta base de datos almacena datos confidenciales como números de seguro social, información de contacto y registros de fichaje. Para garantizar la seguridad de estos datos, la empresa implementa la autenticación basada en LDAP.

En este escenario, cada empleado de la empresa tiene una entrada en el directorio LDAP que contiene sus credenciales de acceso, como un nombre de usuario y una contraseña. Cuando un empleado intenta acceder a la base de datos, el sistema de autenticación utiliza LDAP para verificar sus credenciales.

El proceso de autenticación LDAP implica lo siguiente:

- El empleado proporciona su nombre de usuario y contraseña al sistema de autenticación cuando intenta acceder a la base de datos.
- El sistema de autenticación envía una consulta LDAP al servidor LDAP que contiene el directorio de usuario.
- El servidor LDAP verifica que el nombre de usuario y la contraseña proporcionados coincidan con los registros almacenados en el directorio.
- Si las credenciales son correctas, el servidor LDAP devuelve una respuesta de autenticación correcta al sistema de autenticación de la base de datos.
- Con una autenticación correcta, el empleado accede a la base de datos y puede realizar operaciones autorizadas.

6.5 Autorización

La autorización complementa la autenticación, definiendo los permisos y los niveles de acceso de los usuarios autorizados. Esto implica determinar quién puede realizar acciones específicas en la base de datos, como leer, escribir, modificar o eliminar datos.

Observación

Un buen ejemplo del trabajo de los roles y permisos es esencial para limitar el acceso y reducir los riesgos de seguridad.

6.6 Cifrado

El cifrado es una práctica utilizada para proteger los datos almacenados y en tránsito. Los datos almacenados deben estar encriptados para que, en caso de acceso no autorizado al sistema de almacenamiento, los datos permanezcan ilegibles. Además, la comunicación entre la aplicación y la base de datos se debe proteger mediante protocolos de cifrado como SSL/TLS.

Imagine una situación en la que tiene una caja fuerte en la que guarda documentos importantes. Sin embargo, la caja fuerte está bloqueada con un código digital y cualquier persona con acceso a ella puede ver los documentos sin restricciones. Esto es lo que podría suceder en una base de datos no cifrada, donde los datos se almacenan en forma legible y accesible a personas no autorizadas.

En este contexto, el cifrado equivale a añadir un mecanismo de bloqueo adicional a la caja fuerte. Ahora, incluso si alguien obtiene acceso a la caja fuerte, los documentos estarán encriptados y no serán legibles sin la clave adecuada. En el caso de las bases de datos, los datos se convierten a un formato ilegible, a menos que se descifren mediante una clave de cifrado. Esto significa que incluso si un atacante logra obtener acceso a la base de datos, no podrá comprender ni usar la información sin la clave de descifrado correcta. El cifrado es esencial para proteger los datos confidenciales, como los números de tarjetas de crédito o los registros médicos y es una parte clave de la seguridad de la información en la era digital.

6.7 Auditoría

La auditoría es una parte esencial de la seguridad de los datos, ya que permite realizar un seguimiento y registrar las actividades dentro de la base de datos. Los registros de auditoría proporcionan visibilidad crucial sobre quién accedió a la base de datos, qué acciones realizaron y cuándo. Estos registros son valiosos para la detección de intrusiones y las investigaciones de incidentes de seguridad.

6.8 Gestión de incidencias

La gestión de incidentes es un aspecto esencial de la seguridad de los datos, ya que ninguna medida de seguridad es infalible. Se deben establecer planes y procedimientos para abordar y mitigar las violaciones de seguridad si se producen. Esto incluye informes de incidentes, contención, investigaciones y recuperación de datos y mejora continua de las políticas de seguridad.

7. Alta disponibilidad

La alta disponibilidad de las bases de datos es un aspecto crítico para garantizar que los sistemas de bases de datos sean siempre accesibles y funcionales, incluso en caso de interrupciones no planificadas. En esta larga sección, exploraremos los conceptos clave de alta disponibilidad en las bases de datos con más detalle y proporcionaremos ejemplos de soluciones utilizadas en la práctica.

La alta disponibilidad se refiere a la capacidad de un sistema de base de datos para permanecer operativo en todo momento, con un tiempo de inactividad mínimo, incluso en caso de eventos no deseados como fallos de hardware, errores de software o desastres naturales. Garantizar la alta disponibilidad es fundamental en entornos empresariales donde el tiempo de inactividad puede ser costoso o perjudicial para las operaciones.

7.1 Replicación de datos

Una de las estrategias más comunes para lograr una alta disponibilidad en las bases de datos, es la replicación de datos. La replicación consiste en mantener copias idénticas de la base de datos en varios servidores, denominados réplicas. Cuando se produce un error en un servidor principal, el tráfico se redirige automáticamente a una réplica en funcionamiento, lo que permite que el sistema siga funcionando sin interrupción. Entre los ejemplos de soluciones de replicación se incluyen:

- **Replicación sincróna**: en este enfoque, todas las transacciones se confirman solo después de que se hayan replicado en todas las réplicas. Esto garantiza que todas las réplicas estén siempre sincronizadas, pero puede introducir latencia en las transacciones debido a la espera de confirmación.
- **Replicación asincróna**: en la replicación asincróna, las transacciones se confirman en el servidor antes de replicarse en las réplicas. Aunque esto reduce la latencia de las transacciones, puede haber un pequeño período de tiempo durante el cual las réplicas no estén actualizadas.
- **Replicación de un solo maestro a varios esclavos**: un servidor principal envía sus cambios a varias réplicas, pero solo una réplica (la maestra) acepta escrituras, mientras que las otras (esclavos) solo permiten lecturas. Esto es útil para reducir la carga en el servidor principal.

7.2 Clustering

Otro enfoque para lograr una alta disponibilidad es el clustering de bases de datos. En un clúster, varios servidores de bases de datos trabajan juntos como una sola unidad coherente. Algunos ejemplos de soluciones de agrupación en clústeres son:

- **Clustering con failover**: en esta configuración, varios servidores de bases de datos están en línea, pero solo uno de ellos está activo en un momento dado. Si el servidor activo deja de funcionar, otro servidor se activa automáticamente para ocupar su lugar. Esto minimiza el tiempo de inactividad.
- **Clústeres de bases de datos distribuidas**: aquí, los datos se distribuyen a través de múltiples servidores de bases de datos que trabajan juntos. Cada servidor puede manejar solicitudes y transacciones para una parte específica de los datos, lo que mejora la escalabilidad y la disponibilidad.
- **Clústeres distribuidos geográficamente**: en situaciones en las que la alta disponibilidad se extiende geográficamente, los clústeres distribuidos geográficamente permiten que los datos se repliquen y distribuyan en ubicaciones geográficamente separadas para protegerse contra desastres naturales.

Además de la replicación y la agrupación en clústeres, la copia de seguridad y la recuperación ante desastres son una parte integral de las estrategias de alta disponibilidad. Realizar copias de seguridad periódicas y contar con un sólido plan de recuperación ante desastres garantiza que, en caso de un evento catastrófico, se puedan restaurar los datos y la funcionalidad de la base de datos.

En resumen, la alta disponibilidad de las bases de datos es esencial para garantizar que los sistemas de bases de datos estén siempre disponibles y en funcionamiento continuo. Las soluciones de replicación, la agrupación en clústeres y las estrategias de copia de seguridad y recuperación ante desastres son ejemplos de enfoques utilizados en la práctica para lograr este objetivo. La elección de la estrategia adecuada depende de las necesidades específicas de la organización, incluido el nivel de tolerancia al tiempo de inactividad y los recursos disponibles.

Capítulo 6
Pruebas y validación

1. Introducción

Este capítulo está dedicado a las pruebas que podemos realizar en nuestras bases de datos y a toda la información, que nos ayudará a validar el elemento concreto que estamos probando, como una validación del rendimiento deseado.

Las pruebas son un elemento importante en el diseño de bases de datos, porque aseguran que los elementos teóricos en los que hemos pensado estén presentes para nuestra arquitectura. Ayudan a garantizar que la base de datos se comporte como se espera.

2. ¿Qué son las pruebas y por qué es necesario hacerlas?

El proceso de prueba, que da como resultado un proceso de validación, ayuda a garantizar que nuestra base de datos cumpla con el propósito que perseguimos.

El objetivo que queremos alcanzar puede variar, por lo que existen diferentes tipos de pruebas para validar cada uno de los indicadores que proponemos.

En este capítulo, cubriremos las siguientes pruebas:

- **Pruebas funcionales**: estas pruebas garantizan que una base de datos funcione correctamente. En otras palabras, todo lo que debería funcionar funciona según lo previsto.
- **Pruebas de rendimiento**: este tipo de pruebas aseguran que la base de datos se comporte bien cuando la estresamos. Es posible que la prueba funcional haya sido validada correctamente y, sin embargo, la base de datos funcione muy lentamente cuando hay un gran número de usuarios, ya que no se ha optimizado correctamente.
- **Pruebas de disponibilidad**: en entornos de alta disponibilidad, donde hay un clúster, por ejemplo o un PCA, una prueba de disponibilidad asegura que seguimos prestando el servicio en caso de que se produzca una interrupción de uno de los nodos que estamos probando.
- **Pruebas de calidad de datos**: este tipo de pruebas comprueba el contenido de los datos en base a una serie de reglas que hemos establecido, para mejorar la calidad de los datos.

Veremos estos puntos en detalle a lo largo de este capítulo.

3. Pruebas funcionales

Las pruebas funcionales desempeñan un papel fundamental en el desarrollo y la gestión de bases de datos, ya que ayudan a verificar que la base de datos cumple con sus objetivos y requisitos funcionales. Estas pruebas se centran en evaluar la funcionalidad y la lógica de negocio de la base de datos, asegurando que responde adecuadamente a las operaciones y consultas que se le hacen. A continuación, exploraremos en detalle la importancia de las pruebas funcionales en el contexto de las bases de datos y cómo se pueden realizar de manera efectiva.

3.1 La importancia de las pruebas funcionales en las bases de datos

- **Verificación de funcionalidades**: las pruebas funcionales confirman que la base de datos está realizando correctamente las operaciones previstas. Esto incluye la inserción, actualización, eliminación y recuperación de datos, así como la aplicación de reglas de negocio específicas.
- **Garantía de integridad de los datos**: las pruebas funcionales ayudan a garantizar que las restricciones de integridad de la base de datos se apliquen correctamente. Esto implica validar que se respetan las relaciones entre las tablas y las restricciones de clave primaria y foránea.
- **Optimización de consultas**: la optimización de consultas es fundamental para el rendimiento de la base de datos. Las pruebas funcionales ayudan a evaluar la eficacia de las consultas y los índices, lo que garantiza que las respuestas sean rápidas y eficientes.
- **Validación de reglas de negocio**: En muchas aplicaciones, las bases de datos deben ajustarse a reglas de negocio específicas. Las pruebas funcionales verifican que estas reglas se apliquen correctamente, lo que garantiza la coherencia y la calidad de los datos.

3.2 Etapas para realizar las pruebas funcionales

Para realizar pruebas funcionales efectivas en bases de datos, se deben seguir varios pasos.

Fase previa a la ejecución

- **Identificación de requisitos funcionales**: antes de comenzar las pruebas, es esencial comprender los requisitos funcionales de la base de datos. Esto incluye saber lo que tenemos que hacer y qué reglas de negocio quiere poner en práctica nuestra organización.
- **Diseño de escenarios de prueba**: en base a los requisitos funcionales identificados, diseñaremos casos de prueba que incluyan situaciones típicas y excepcionales. Cada caso de prueba debe especificar la entrada, la acción y el resultado esperado.

Fase de ejecución

- **Ejecución de pruebas**: en este paso, ejecutaremos los casos de prueba en la base de datos. Esto implica realizar operaciones de inserción, actualización, eliminación y recuperación de datos de acuerdo con escenarios definidos.

Fase posterior a la ejecución

- **Registro de resultados**: cuando se ejecutan pruebas, se registran los resultados, incluidos los errores o problemas detectados. Esto nos da la información que necesitamos para sacar conclusiones sobre si están validadas o no, y nos ayuda a hacer las correcciones necesarias.
- **Análisis y corrección de problemas**: si se encuentran errores o discrepancias entre los resultados esperados y los reales, se investigan y corrigen. Esto implica cambiar el diseño de la base de datos o ajustar las consultas según sea necesario.

3.3 Ejemplos de casos de pruebas funcionales

Ahora veremos algunos ejemplos de casos de prueba funcionales en la base de datos que creamos en los capítulos anteriores.

Caso 1: prueba de inserción de libros

- **Descripción**: el objetivo de esta prueba es comprobar que la base de datos permite la correcta inserción de libros en la tabla LIBRO.
- **Escenario de prueba**: insertar un nuevo libro con información válida, como el título, autor y número de ejemplares disponibles.
- **Resultado esperado**: el libro se inserta correctamente en la base de datos y su información es precisa y completa.

Caso 2: pruebas para actualizar los datos del libro

- **Descripción**: evaluar la capacidad de la base de datos para actualizar la información de un libro existente.
- **Escenario de prueba**: cambiar el autor de un libro específico.
- **Resultado esperado**: el libro se actualiza con el nuevo autor y la información asociada se ajusta en consecuencia.

Caso 3: prueba de eliminación de un ejemplar agotado

- **Descripción**: confirmar que la base de datos puede eliminar los registros de artículos agotados de la tabla LIBRO.
- **Escenario de prueba**: eliminar una copia de un libro que está agotado.
- **Resultado esperado**: el artículo se ha eliminado correctamente y la disponibilidad del libro se ha actualizado adecuadamente.

Caso n° 4: prueba de consulta de los libros disponibles

- **Descripción**: en esta prueba, queremos evaluar la capacidad de la base de datos para recuperar una lista de libros disponibles.
- **Escenario de prueba**: realizar una consulta que enumere todos los libros con al menos un ejemplar disponible.
- **Resultado esperado**: se obtiene una lista de libros que cumplen los criterios de disponibilidad (hay al menos un ejemplar disponible).

Caso 5: prueba de validación de reglas de negocio

- **Descripción**: verificar que las reglas de negocio se aplican correctamente.
- **Escenario de prueba**: intentar prestar un libro a un usuario que ya ha alcanzado su límite de préstamos activos.
- **Resultado esperado**: se impide el préstamo del libro y se muestra un mensaje de error que indica la restricción.

Caso 6: prueba de búsqueda

- **Descripción**: esta prueba consiste en comprobar que podemos realizar una búsqueda en la base de datos de la biblioteca y que el resultado es el esperado.
- **Escenario de prueba**: realizar una consulta que busque todos los libros de un autor específico en una base de datos grande.
- **Resultado esperado**: la consulta se ejecuta en un período de tiempo razonable y devuelve resultados precisos.

4. Pruebas de rendimiento

4.1 Los objetivos de las pruebas de rendimiento

El objetivo de las pruebas de rendimiento es comprobar que la base de datos responde correctamente cuando un número grande de usuarios accede a ella. El objetivo principal de estas pruebas es determinar el rendimiento de la base de datos en diferentes condiciones de carga. Esto incluye evaluar la velocidad a la que la base de datos responde a las consultas, su capacidad para manejar múltiples consultas simultáneas, su escalabilidad (la capacidad de crecer de manera eficiente para satisfacer demandas crecientes) y su eficiencia en el uso de recursos como la CPU, la memoria y el almacenamiento.

También se pueden realizar otros tipos de pruebas de rendimiento, por ejemplo, si hay pocos usuarios pero realizan operaciones muy pesadas.

Observación

Las pruebas de rendimiento de bases de datos son una evaluación sistemática que mide la capacidad de una base de datos para manejar cargas de trabajo específicas. Estas pruebas implican la generación de cargas de trabajo simuladas para evaluar la velocidad, escalabilidad y eficiencia de la base de datos. Los resultados ayudan a identificar cuellos de botella, problemas de rendimiento y áreas de mejora, lo que permite a los administradores de bases de datos optimizar el sistema y satisfacer las necesidades de los usuarios y las aplicaciones.

Para realizar pruebas de rendimiento, se utilizan herramientas especializadas que generan cargas de trabajo realistas y repetibles. Estas pruebas pueden simular escenarios de uso del mundo real, como el tráfico de aplicaciones web, las transacciones en una tienda en línea o el análisis de datos en un sistema de inteligencia empresarial. Cuando se ejecutan pruebas, se recopilan datos detallados sobre el rendimiento de la base de datos, como los tiempos de respuesta, las tasas de error y la utilización de recursos.

Los resultados de las pruebas de rendimiento son fundamentales para identificar posibles cuellos de botella, ineficiencias en el diseño de la base de datos o problemas de configuración. Con esta información, los administradores de bases de datos pueden tomar medidas para optimizar el sistema, como ajustar las configuraciones, mejorar el diseño de la base de datos o considerar la adopción de hardware más potente.

En esta sección, veremos algunos ejemplos de pruebas de rendimiento con casos prácticos.

4.2 Pasos para realizar pruebas de rendimiento

Fase previa a la ejecución

- **Planificación de pruebas de rendimiento**: en este paso, se definen los objetivos de prueba, los parámetros de carga y los escenarios de prueba.

  Ejemplo en nuestra base de datos de biblioteca: podemos ejecutar una prueba para evaluar cómo responde la base de datos a búsquedas simultáneas de libros de diferentes géneros, por parte de varios usuarios.

- **Diseño de escenarios para pruebas de rendimiento**: se crean escenarios de prueba realistas para simular situaciones de uso de bases de datos del mundo real.

  Ejemplo en nuestra base de datos de biblioteca: podemos crear un escenario que simule que varios usuarios buscan libros populares, durante las horas pico de la biblioteca.

- **Preparar el entorno antes de iniciar la prueba**: se prepara el entorno de prueba, incluida la configuración de hardware y software, así como la creación de los datos de prueba.

  Ejemplo en nuestra base de datos de biblioteca: necesitamos asegurarnos de que la base de datos de prueba contenga un número significativo de registros de libros y usuarios.

Fase de ejecución

- **Ejecución de pruebas**: los escenarios de prueba se ejecutan en el entorno preparado, registrando el rendimiento de la base de datos.

  Ejemplo en nuestra base de datos de biblioteca: ejecutaremos el escenario de búsquedas simultáneas de libros y mediremos el tiempo de respuesta de la base de datos.

Fase posterior a la ejecución

- **Supervisión y recopilación de datos**: cuando se ejecutan pruebas, se recopilan datos de rendimiento, como los tiempos de respuesta y la utilización de recursos.

  Ejemplo en la base de datos de nuestra biblioteca: necesitamos registrar el tiempo que tarda la base de datos en responder a cada solicitud de búsqueda.
- **Análisis de los resultados**: los datos recopilados se analizan para evaluar el rendimiento de la base de datos y determinar los cuellos de botella.

  Ejemplo en nuestra base de datos de biblioteca: el objetivo sería identificar si el tiempo de respuesta de la búsqueda aumenta significativamente a medida que aumenta la carga de trabajo.
- **Optimización y ajustes**: en función de los resultados del análisis, se realizan ajustes en la configuración o infraestructura de la base de datos para mejorar el rendimiento.

  Ejemplo en nuestra base de datos de biblioteca: Un ejemplo de optimización podría ser agregar el Índice de búsqueda de libros para acelerar las consultas de búsqueda.

4.3 Tipos de pruebas de rendimiento

Pruebas de carga

Evalúan cómo maneja la base de datos una carga de trabajo específica, durante un período de tiempo.

Ejemplo en nuestra base de datos de biblioteca: simular la búsqueda de libros por parte de un gran número de usuarios simultáneos durante una hora.

Pruebas de estrés

La carga de trabajo aumenta gradualmente hasta que la base de datos alcanza su límite y se observa una degradación del rendimiento.

Ejemplo en nuestra base de datos de la biblioteca: aumentar el número de búsquedas simultáneas hasta que se detecte un aumento significativo en el tiempo de respuesta.

Pruebas de rendimiento continuo

Estas pruebas se realizan de forma continua para supervisar el rendimiento a lo largo del tiempo.

Ejemplo en nuestra base de datos de biblioteca: Mediremos el tiempo de respuesta de las consultas de búsqueda cada hora, durante un período de un mes.

Pruebas de rendimiento de copia de seguridad

Estiman el tiempo necesario para realizar una copia de seguridad y restaurar la base de datos.

Ejemplo en nuestra base de datos de biblioteca: realizaremos copias de seguridad completas de la base de datos y mediremos el tiempo necesario para la restauración.

Observación

Las pruebas de rendimiento de las copias de seguridad y las restauraciones forman parte de un plan de PRA/PCA, ya que es importante tener en cuenta cuánto tiempo se tardará en recuperar de un desastre.

4.4 Ejemplos de casos de prueba de rendimiento

A continuación, veremos algunos casos de prueba de rendimiento que podríamos usar para nuestra base de datos de biblioteca. Estas pruebas son solo algunos ejemplos, en realidad hay muchos otros casos.

Caso 1: pruebas de rendimiento de consultas de libros por autor

- **Descripción**: evaluar la velocidad de respuesta de la base de datos al buscar libros de un autor específico.
- **Escenario de prueba**: realizar una consulta que busque todos los libros de un autor ampliamente conocido en la base de datos.
- **Resultado esperado**: la consulta se ejecuta en un período de tiempo razonable, incluso si la base de datos contiene un gran número de registros de libros.

Caso 2: prueba de rendimiento de préstamos simultáneos

- **Descripción**: evaluar la capacidad de la base de datos para manejar múltiples transacciones de préstamo de libros, al mismo tiempo.
- **Escenario de prueba**: simular varios usuarios que intentan prestar libros al mismo tiempo.

- **El resultado esperado** es que la base de datos debe ser capaz de controlar estas transacciones simultáneas sin una degradación significativa del rendimiento.

Caso 3: prueba de carga de datos masiva

- **Descripción**: evaluar el comportamiento de la base de datos al cargar un gran número de registros de libros al mismo tiempo.
- **Escenario de prueba**: insertar una gran cantidad de libros nuevos en la base de datos en poco tiempo.
- **Resultado esperado**: la descarga masiva se debería completar de forma eficiente, sin bloqueos ni interrupciones del servicio.

Caso 4: pruebas para responder a una consulta compleja

- **Descripción**: evaluar el rendimiento de la base de datos al ejecutar consultas complejas que impliquen varias tablas y operaciones.
- **Escenario de prueba**: realizar una consulta que recupere información detallada sobre libros, autores y categorías.
- **Resultado esperado**: la consulta se debe ejecutar en un plazo razonable y proporcionar resultados precisos.

Caso 5: prueba de escalabilidad

- **Descripción**: para evaluar cómo la base de datos maneja un aumento sostenido de la carga de trabajo a lo largo del tiempo.
- **Escenario de prueba**: simular el crecimiento en el número de usuarios y las operaciones de préstamo durante un período prolongado de tiempo.
- **El resultado esperado** es que la base de datos debe mantener un rendimiento estable y escalable a medida que aumenta la carga.

Caso 6: prueba de respuesta de copia de seguridad y restauración

- **Descripción**: evaluar el tiempo necesario para realizar una copia de seguridad y restaurar la base de datos.

- **Escenario de prueba**: realizar una copia de seguridad completa de la base de datos y, a continuación, restaurarla en un entorno limpio.
- **Resultado esperado**: las operaciones de copia de seguridad y recuperación se deben completar de manera oportuna, minimizando el tiempo de inactividad.

5. Pruebas de tiempo de actividad

Las pruebas de disponibilidad son esenciales para garantizar que los usuarios siempre puedan acceder a una base de datos. Aquí describimos los pasos clave y proporcionamos ejemplos específicos de pruebas de disponibilidad en el contexto de una base de datos de biblioteca.

5.1 Pasos para realizar pruebas de disponibilidad

Fase previa a la ejecución

- **Planificación**: en este paso se definen los objetivos de la prueba de disponibilidad y se planifican las estrategias de prueba.

  Ejemplo en nuestra base de datos de biblioteca: programar una prueba para evaluar la disponibilidad de la base de datos durante las horas pico de uso de la biblioteca.
- **Configuración de casos de prueba**: necesitaremos crear casos de prueba para simular eventos y situaciones que puedan afectar la disponibilidad de la base de datos.

  Ejemplo en nuestra base de datos de biblioteca: configurar un escenario de prueba que simule un aumento repentino en el número de usuarios que acceden a la base de datos.

Fase de ejecución

- **Ejecución de pruebas de disponibilidad**: se ejecutan los escenarios de prueba que hemos planificado y configurado para evaluar la disponibilidad de la base de datos en condiciones realistas.

Ejemplo en nuestra base de datos de biblioteca: ejecute el caso de prueba que simula la sobrecarga del usuario durante las horas pico.

- **Monitorización en tiempo real**: durante la ejecución de la prueba, se monitoriza la disponibilidad de la base de datos en tiempo real.

  Ejemplo en nuestra base de datos de biblioteca: registrar cualquier interrupción del servicio o retrasos significativos en la respuesta de la base de datos, durante las pruebas.

Fase posterior a la ejecución

- **Análisis de los resultados**: los datos recopilados durante las pruebas se analizan para evaluar la disponibilidad de la base de datos y detectar posibles problemas.

  Ejemplo en nuestra base de datos de biblioteca: identificar cualquier período de tiempo en el que la base de datos no estaba disponible o respondía lentamente.

- **Implementar mejoras**: a partir de los resultados del análisis, se realizan ajustes y mejoras en la infraestructura o configuración de la base de datos para garantizar una mayor disponibilidad.

  Un ejemplo en nuestra base de datos de biblioteca es el aumento de la capacidad del hardware o la implementación de un sistema de redundancia para reducir el riesgo de interrupciones.

5.2 Tipos de pruebas de disponibilidad

Pruebas de recuperación ante desastres

Evalúan la capacidad de la base de datos para recuperarse de desastres, como fallos de hardware o errores catastróficos.

Ejemplo en nuestra base de datos de biblioteca: simular un fallo de disco y verificar la capacidad de la base de datos para recuperar datos y mantener la disponibilidad.

Pruebas de conmutación por error

Evalúan la capacidad de la base de datos para conmutar automáticamente por error a un sistema de copia de seguridad en caso de una interrupción.

Ejemplo en nuestra base de datos de biblioteca: desencadenar un fallo en el servidor primario y verificar que la base de datos se transfiere de forma transparente al servidor de copia de seguridad.

Pruebas de escalabilidad en tiempo real

Las pruebas de escalabilidad en tiempo real ayudan a evaluar cómo maneja la base de datos la carga de trabajo y la escalabilidad, a medida que aumenta la demanda de los usuarios.

Ejemplo en la base de datos de nuestra biblioteca: aumentar gradualmente el número de usuarios simultáneos durante la prueba y comprobar que la base de datos sigue siendo accesible.

Pruebas de disponibilidad continuas

Estas pruebas se realizan periódicamente para supervisar la disponibilidad de la base de datos a lo largo del tiempo.

Ejemplo en nuestra base de datos de biblioteca: ejecutar pruebas de disponibilidad en diferentes momentos del día y en diferentes días de la semana, para detectar patrones de disponibilidad.

6. Pruebas de calidad de datos

Las pruebas de calidad de datos se utilizan principalmente para garantizar que los datos almacenados en una base de datos sean precisos, coherentes y fiables. A continuación, describimos los pasos clave y proporcionamos ejemplos específicos de pruebas de calidad de datos en el contexto de una base de datos de biblioteca.

6.1 Pasos para realizar pruebas de calidad de datos

Fase previa a la ejecución

- **Definir los requisitos de calidad de los datos**: en esta fase, se definen los estándares de calidad de los datos y los requisitos para los datos almacenados en la base de datos.

  Por ejemplo, en nuestra base de datos de biblioteca, necesitaremos establecer requisitos de calidad de datos que incluyan la precisión de la información sobre el libro, la integridad de las relaciones entre las tablas y la coherencia de los registros de usuario.
- **Identificación de los conjuntos de datos que se van a evaluar**: se identifican los conjuntos de datos específicos que se evaluarán en términos de calidad de los datos.

  Un ejemplo en nuestra base de datos de biblioteca seleccionar las categorías de libros más consultados y la consistencia de los datos introducidos por los usuarios de la base de datos.
- **Diseño de medidas y estándares de calidad**: se definen medidas y estándares específicos que se utilizarán para evaluar la calidad de los datos.

  Ejemplo en nuestra base de datos de la biblioteca: definir métricas que midan la precisión de la información contenida en los libros, la integridad de las relaciones entre las tablas y la consistencia de los datos de los clientes.

Fase de ejecución

- **Realización de pruebas de calidad de datos**: necesitaremos aplicar métricas y estándares definidos a los conjuntos de datos identificados, para evaluar su calidad.

  Ejemplo en nuestra base de datos de la biblioteca: comprobar si los registros del libro coinciden con la información actualizada de la biblioteca y si los datos de los clientes son coherentes y precisos.

Fase posterior a la ejecución

- **Análisis de resultados**: los resultados de las pruebas de calidad de datos se analizan para identificar problemas y brechas.

  Ejemplo en nuestra base de datos de biblioteca: identificar categorías de libros con información obsoleta o inconsistente, así como categorías de usuarios con datos incompletos o incorrectos.

- **Implementación de mejoras y limpieza de datos**: en función de los resultados del análisis, se realizan mejoras en la calidad de los datos, que pueden incluir la corrección de datos incorrectos o la eliminación de registros obsoletos.

  Un ejemplo en nuestra base de datos de biblioteca es actualizar información potencialmente obsoleta relacionada con libros y corregir datos que resulten ser incorrectos.

6.2 Tipos de pruebas de calidad de datos

- **Pruebas de precisión de datos**: evaluar la precisión de los datos almacenados en la base de datos, en comparación con fuentes de datos externas o información actualizada.

  Ejemplo en nuestra base de datos de la biblioteca: comparar la información sobre los libros de la base de datos con la información de la biblioteca en tiempo real, para detectar discrepancias.

- **Pruebas de integridad de datos**: estas pruebas evalúan si las relaciones entre las tablas y los vínculos de clave primaria y foránea se mantienen de forma coherente.

  Ejemplo en nuestra base de datos de biblioteca: verificar que los registros de préstamo estén correctamente vinculados a los usuarios y a los libros.

- **Pruebas de coherencia de datos**: estas pruebas evalúan la coherencia de los datos en términos de formatos, valores permitidos y cumplimiento de las reglas de negocio.

  Ejemplo en nuestra base de datos de biblioteca: comprobar que las fechas de devolución de los libros cumplen con las normas de préstamo establecidas.

- **Pruebas de completitud de datos**: el objetivo es evaluar si todos los campos obligatorios de los registros de la base de datos están completos y no contienen valores nulos.

  Ejemplo en nuestra base de datos de biblioteca: identificar los registros de clientes a los que les falta información obligatoria, como la dirección de correo electrónico o el número de teléfono.

- **Pruebas de duplicación de datos**: estas pruebas identifican y eliminan registros duplicados en la base de datos que podrían causar confusión o inexactitudes.

  Ejemplo en la base de datos de nuestra biblioteca: detectar y eliminar registros de libros duplicados que puedan haber sido introducidos accidentalmente.

Observación

Realizar pruebas de calidad de datos es esencial para garantizar que los datos almacenados en nuestras bases de datos sean fiables y útiles para los usuarios. Identificar y resolver problemas de calidad de datos ayuda a mantener la integridad y la utilidad de la base de datos a lo largo del tiempo.

7. El proceso de la prueba

El proceso de la prueba desempeña un papel vital en la gestión de bases de datos, ya que garantiza que la base de datos funcione correctamente, cumpla con los requisitos funcionales y de rendimiento y mantenga la calidad de los datos.

A lo largo de esta sección, exploraremos en detalle cómo se realiza el proceso de prueba en el contexto de las bases de datos y proporcionaremos ejemplos concretos relacionados con los casos anteriores, en particular las pruebas funcionales, de rendimiento y de calidad de datos.

Hace unos años, trabajaba como administrador de bases de datos en una empresa. Estábamos inmersos en un proyecto crítico para una institución financiera que requería una base de datos altamente segura y confiable. La automatización de pruebas se había convertido en una parte esencial de nuestro proceso de producción y aseguramiento de la calidad.

Estábamos en la fase final de pruebas antes de la implementación, nuestro equipo de pruebas automatizadas había creado un conjunto completo de scripts que simulaban operaciones bancarias en la base de datos, como transferencias, consultas de saldo y creación de cuentas. Estos scripts se debían ejecutar a la perfección para garantizar la integridad de los datos financieros.

Sin embargo, durante una de las pruebas, ocurrió un incidente inesperado. Uno de los scripts destinados a transferir fondos entre cuentas tenía un error que causaba que una gran cantidad de dinero se transfiriera incorrectamente a la cuenta incorrecta en el entorno de prueba. Afortunadamente, estábamos en un entorno controlado, pero la magnitud del error fue impactante.

Después de una revisión exhaustiva, descubrimos que el error fue causado por una configuración incorrecta en uno de los scripts de prueba. Había una diferencia entre los números de cuenta utilizados por el script y la base de datos de prueba. El incidente puso de manifiesto la importancia de la precisión en la configuración de los datos de prueba y la necesidad de una supervisión constante de los procesos automatizados.

Si bien fue un susto momentáneo, este incidente nos recordó la importancia crítica de las pruebas automatizadas de bases de datos y la necesidad de una revisión meticulosa de los scripts de prueba. A partir de ese día, fortalecimos nuestros protocolos de prueba y finalmente logramos implementar con éxito el sistema de base de datos para la institución financiera, con un enfoque aún mayor en la precisión e integridad de las pruebas automatizadas.

7.1 Planificación de pruebas

La planificación de pruebas es el primer paso crucial en el proceso. En esta fase se definen los objetivos de las pruebas y se establecen los criterios de éxito. En el caso de las pruebas funcionales, como las que se realizan en una base de datos de biblioteca, los objetivos pueden ser asegurarse de que los libros se han insertado correctamente o comprobar que la base de datos responde eficazmente a las consultas de búsqueda.

En las pruebas de rendimiento, se planean escenarios de carga para evaluar cómo maneja la base de datos situaciones de alto tráfico, como búsquedas simultáneas de libros por parte de varios usuarios. En el caso de las pruebas de calidad de los datos, se definen los estándares de calidad que deben cumplir los datos almacenados, como la exactitud de la información de los libros o la integridad de las relaciones entre las tablas.

Ejemplo de planificación en pruebas funcionales

Supongamos que realizamos una prueba funcional en una base de datos de una biblioteca para verificar que la información sobre el libro está actualizada correctamente. Nuestro objetivo es garantizar que cuando se realiza un cambio en la información contenida en un libro, la base de datos refleje con precisión esa actualización.

Ejemplo de planificación en pruebas de rendimiento

En el contexto de una base de datos de biblioteca, podríamos planificar una prueba de rendimiento para evaluar cómo responde la base de datos a un fuerte aumento en la búsqueda de libros, durante las horas pico de la biblioteca.

Ejemplo de planificación en pruebas de calidad de datos

En esta prueba, definimos los requisitos de calidad de los datos para la base de datos de la biblioteca. Uno de los criterios podría ser que la información contenida en los libros sea precisa y esté actualizada con respecto a la colección de la biblioteca.

7.2 Diseño de casos de prueba

El siguiente paso crucial es el diseño de casos de prueba específicos que se alineen con los objetivos establecidos en la planificación. Estos casos de prueba deben ser detallados y abordar escenarios típicos y excepcionales. En el contexto de una base de datos de biblioteca, esto podría incluir casos de prueba que verifican la inserción de libros, la actualización de datos, la eliminación de elementos agotados y la consulta de libros disponibles.

Ejemplo de diseño de caso de prueba en pruebas funcionales

Para nuestra prueba de actualización de libros, podríamos diseñar casos de prueba específicos para diferentes tipos de actualizaciones, como cambiar de autor, actualizar el año de publicación o corregir el título de un libro.

Ejemplo de diseño de escenario de prueba en pruebas de rendimiento

En una prueba de rendimiento que simule un aumento en la búsqueda de libros, podríamos diseñar casos de prueba para aumentar gradualmente la carga de trabajo y evaluar el tiempo de respuesta de la base de datos en cada nivel de carga.

Ejemplo de diseño de caso de prueba en pruebas de calidad de datos

Para evaluar la exactitud de la información del libro, podríamos diseñar casos de prueba comparando los datos de la base de datos con una fuente de datos externa fiable, como el catálogo de la biblioteca.

7.3 Ejecución de pruebas y registro de resultados

La ejecución de pruebas implica la realización de los casos de prueba diseñados en un entorno controlado.

Durante esta fase, los resultados de cada prueba se registran meticulosamente, incluidos los errores o discrepancias encontrados. En el ejemplo de prueba de actualización de datos de libro, al ejecutar los casos de prueba, registramos si el libro se actualiza correctamente y si las actualizaciones son conformes.

7.4 Análisis y optimización de resultados

Una vez realizadas las pruebas y guardados los resultados, se realiza un análisis exhaustivo. Durante esta etapa, se identifican y resuelven los problemas, se ajustan las configuraciones y se realizan mejoras en la base de datos según sea necesario.

Por ejemplo, si las pruebas de rendimiento revelan que la base de datos está experimentando un aumento significativo en el tiempo de respuesta bajo una carga pesada, se pueden realizar ajustes en la configuración o la infraestructura de la base de datos para mejorar el rendimiento.

Ejemplo de análisis de resultados de pruebas funcionales

Si encontramos que algunos de los escenarios de prueba de actualización de datos del libro no se ejecutan correctamente, identificamos las causas subyacentes, como problemas en la lógica de la base de datos o errores de programación y los corregimos.

Ejemplo de análisis de los resultados de las pruebas de rendimiento

Si la prueba de rendimiento muestra que el tiempo de respuesta de la base de datos aumenta significativamente bajo una carga pesada, podemos considerar la optimización de consultas, la adición de índices o la escalabilidad del hardware para mejorar el rendimiento.

Ejemplo de análisis de resultados de pruebas de calidad de datos

Si las pruebas de calidad de datos identifican registros que contienen información obsoleta o inexacta, se pueden implementar procesos de limpieza de datos para corregir y actualizar la información.

8. Automatización del proceso de pruebas

La automatización del proceso de prueba de la base de datos es un enfoque fundamental para garantizar una gestión de datos eficiente y coherente. En esta sección, exploraremos cómo la automatización puede acelerar y mejorar el proceso de prueba, lo que conduce a una mayor calidad de los datos, el rendimiento y la funcionalidad en las bases de datos de diferentes empresas. A lo largo de este capítulo, proporcionaremos ejemplos del mundo real relacionados con la automatización de las pruebas funcionales, de rendimiento y de calidad de los datos en el contexto de las bases de datos.

8.1 Automatización de la programación

La automatización comienza en la fase de planificación de pruebas, donde se pueden utilizar herramientas y software especializados para agilizar la definición de objetivos, criterios de éxito y escenarios de prueba.

Por ejemplo, en una base de datos de biblioteca, los scripts automatizados se pueden usar para generar automáticamente casos de prueba que aborden una amplia gama de situaciones, como la inserción de libros, la actualización de datos y la consulta de libros disponibles.

Ejemplo de automatización en la planificación de pruebas funcionales

El uso de una herramienta de automatización para generar automáticamente casos de prueba que verifican la inserción de libros con diferentes tipos de información, como títulos largos o autores con caracteres especiales.

Ejemplo de automatización de programación en pruebas de rendimiento

Para automatizar la planificación de las pruebas funcionales, podemos utilizar una herramienta externa como Crontab en Linux. De esta manera, podríamos programar una prueba que verifique un caso de uso, como insertar libros de diferentes categorías, incluidos títulos largos o caracteres especiales.

Ejemplo de automatización de programación de pruebas de calidad de datos

Una herramienta de programación, como el programador de tareas en Windows si nuestro servidor de pruebas utiliza el sistema operativo Windows Server, nos permitiría programar una lista de pruebas de rendimiento. Estas pruebas de rendimiento podrían simular una carga aumentando gradualmente el número de usuarios simulados que utilizan nuestra base de datos. Mientras tanto, otra herramienta de monitorización de rendimiento, como Nagios, almacenaría estadísticas sobre el procesador, la memoria y el tiempo de ejecución de consultas.

8.2 Automatizar la ejecución de pruebas y el registro de resultados

La ejecución de pruebas y el registro de resultados, también se pueden beneficiar enormemente de la automatización. En lugar de ejecutar manualmente cada caso de prueba y registrar los resultados, las herramientas de automatización de pruebas se pueden utilizar para ejecutar automáticamente casos de prueba y capturar los resultados de forma coherente y precisa.

Ejemplo de automatización de la ejecución de pruebas en pruebas funcionales

Utilizar un conjunto de scripts automatizados para ejecutar escenarios de prueba para actualizar los datos del libro en diferentes escenarios y guardarlos automáticamente si las actualizaciones se realizan correctamente.

Ejemplo de automatización de ejecución de pruebas en pruebas de rendimiento

Utilizar las herramientas de automatización de pruebas de rendimiento para simular cargas de trabajo de usuarios simultáneos y medir automáticamente los tiempos de respuesta de la base de datos.

Ejemplo de automatización de la ejecución de pruebas en pruebas de calidad de datos

Se podría utilizar un script automático programado cada noche para comparar la base de datos de origen y almacenar cualquier discrepancia encontrada. Podemos hacer esto basándonos en una base de datos de conocimiento, un sistema de reglas y un sistema automático como Crontab en Linux.

8.3 Automatizar el análisis y la optimización de resultados

La automatización puede facilitar el análisis de los resultados al procesar de manera eficiente grandes volúmenes de datos y proporcionar informes detallados sobre el rendimiento y la calidad de los datos. Además, las herramientas de automatización pueden sugerir automáticamente mejoras y optimizaciones en función de los resultados obtenidos.

Ejemplo de automatización en el análisis de resultados de pruebas funcionales

Para automatizar el análisis de los resultados de las pruebas funcionales, podríamos montar un sistema automático que pruebe las funcionalidades que queremos probar, y como resultado genere un informe sobre la validación o no de cada una de estas funcionalidades.

Ejemplo de automatización en el análisis de los resultados de las pruebas de rendimiento

Para automatizar las pruebas de rendimiento, debemos especificar qué métricas estamos probando, como evitar la saturación de RAM con 100 usuarios simultáneos y, si esta métrica se valida, el informe debe reflejar este resultado.

Ejemplo de automatización en el análisis de resultados de pruebas de calidad de datos

Las reglas de validación se utilizan normalmente para validar las pruebas de calidad de los datos, enviando alertas cuando no se siguen estas reglas. Un ejemplo de incumplimiento de la calidad de los datos sería la búsqueda de alguien mayor de 150 años, lo que probablemente indica un error en la introducción de datos.

8.4 Beneficios de la automatización de pruebas

La automatización del proceso de pruebas de bases de datos ofrece varias ventajas importantes, como la reducción del tiempo y el esfuerzo necesarios, la mejora de la coherencia de las pruebas, la identificación rápida de problemas y la capacidad de realizar pruebas exhaustivas en grandes conjuntos de datos.

En resumen, la automatización del proceso de prueba de bases de datos es una práctica esencial para mantener la calidad y el rendimiento de las bases de datos en diversos contextos.

A través de ejemplos del mundo real, ilustramos cómo se puede aplicar la automatización a las pruebas funcionales, de rendimiento y de calidad de los datos, acelerando y mejorando cada paso del proceso de pruebas. La adopción de herramientas y prácticas automatizadas contribuye a una gestión de bases de datos más eficiente y eficaz, en un entorno cada vez más dinámico y exigente.

Capítulo 7
Mantenimiento y actualización

1. Introducción

Estos cambios y modificaciones se pueden deber a nuevas versiones de la aplicación, a la introducción de nuevos tipos de datos o a la evolución de los propios sistemas informáticos.

En este capítulo, veremos cómo podemos realizar este mantenimiento para garantizar que nuestras bases de datos permanezcan operativas a lo largo del tiempo.

2. Ciclo de vida de la base de datos

Las bases de datos son de vital importancia en el mundo moderno. Desempeñan un papel fundamental en el almacenamiento, la recuperación y la gestión de datos.

Sin embargo, una base de datos no es una entidad estática, sino que evoluciona con el tiempo a través de un proceso cíclico bien definido, llamado "ciclo de vida de la base de datos".

Este ciclo incluye varias fases cruciales, desde el diseño inicial hasta el desmantelamiento final. En este capítulo, exploraremos en detalle las diferentes etapas de este ciclo y la importancia de cada una de estas fases.

Observación

El ciclo de vida de la base de datos es un proceso continuo que evoluciona con las necesidades empresariales. Desde el diseño hasta el desmantelamiento, cada fase desempeña un papel vital en la gestión de datos de forma eficiente y segura. Al comprender este ciclo, las organizaciones pueden maximizar el valor de sus datos, al tiempo que minimizan los riesgos asociados con su uso y almacenamiento.

2.1 Fase de diseño

La fase de diseño marca el punto de partida del ciclo de vida de la base de datos. En esta etapa, los diseñadores de bases de datos trabajan en estrecha colaboración con las partes interesadas para comprender las necesidades comerciales y los requisitos de datos. Este paso crucial incluye lo siguiente.

Análisis de necesidades

El análisis de las necesidades implica identificar qué datos se necesitan, cómo están estructurados, cuántos son y cómo interactúan entre sí. Este análisis guía la creación de un modelo conceptual de datos, que define entidades, relaciones y atributos.

Observación

Para obtener más información sobre este proceso, puede ver el capítulo Normalización de datos, donde se analiza en detalle.

Modelado de bases de datos

El modelado de bases de datos es el proceso de creación de un diagrama conceptual que representa los datos y las relaciones entre ellos. Los modelos de datos, como el modelo entidad-relación (ER), son ampliamente utilizados para esta etapa.

Observación

Para obtener más información sobre este proceso, puede ver el capítulo Normalización de datos, donde se analiza en detalle.

Normalización

La normalización tiene como objetivo minimizar la redundancia de datos organizándolos de manera eficiente. Esto ahorra espacio de almacenamiento y garantiza la coherencia de los datos.

Observación

Para obtener más información sobre este proceso, puede ver el capítulo Normalización de datos, donde se analiza en detalle.

Etapa de creación

Una vez definido el modelo conceptual, comienza la fase de creación. Este paso se centra en transformar el modelo conceptual en una base de datos física y funcional. Las tareas clave incluyen:

- **El esquema de la base de datos**: define la estructura física de la base de datos. Esto incluye la creación de tablas, columnas, claves primarias y externas y la definición de restricciones de integridad.
- **La creación de la base de datos**: en este paso, la base de datos real se crea utilizando un sistema de gestión de bases de datos (SGBD) como MySQL, PostgreSQL u Oracle. Las tablas se generan de acuerdo con el esquema de la base de datos.
- **La carga inicial de datos**: los datos iniciales se cargan en la base de datos recién creada. Esto puede incluir la importación de datos de fuentes externas o la introducción manual de datos.

2.2 Fase de explotación y mantenimiento

Una vez que la base de datos está en funcionamiento, entra en la fase de explotación y mantenimiento continuos. Esta fase es crucial para garantizar la disponibilidad, el rendimiento y la integridad de los datos. Las actividades incluyen elementos a seguir.

Gestión de usuarios y permisos

La administración de usuarios y permisos garantiza que solo las personas autorizadas tengan acceso a determinadas partes de la base de datos. Esto protege la seguridad de los datos.

Supervisión y optimización del rendimiento

Es esencial monitorear el rendimiento de la base de datos continuamente. Es posible que sea necesario realizar ajustes para optimizar los tiempos de respuesta y la disponibilidad.

Copia de seguridad y recuperación

Existen planes de copia de seguridad regulares para garantizar la recuperación de datos en caso de fallo o desastre. Estos planes incluyen el PRA (plan de recuperación de actividad) y el PCA (plan de continuidad de la actividad), de los que hablaremos en este capítulo.

2.3 Fase de actualización

Las necesidades empresariales cambian con el tiempo, lo que requiere cambios en la base de datos. La fase de actualización consta de los dos elementos siguientes.

Evolución de la estructura

Los cambios en la estructura de la base de datos, como la adición de nuevas tablas o columnas, son necesarios para cumplir los nuevos requisitos.

Migración de datos

Cuando cambia la estructura de la base de datos, a veces es necesario migrar los datos existentes para adaptarlos al nuevo esquema.

2.4 Fase de desmantelamiento

Con el tiempo, las bases de datos pueden quedar obsoletas. La fase de desmantelamiento implica la eliminación de la base de datos de forma segura, garantizando que todos los datos confidenciales se eliminen adecuadamente.

3. Roles en el mantenimiento de una base de datos

El mantenimiento de una base de datos es una tarea compleja que requiere la experiencia y la organización adecuadas. Hay varios roles definidos dentro de un equipo de administración de bases de datos para garantizar que la base de datos siga siendo eficiente, segura y esté disponible en todo momento. En este capítulo, exploraremos en detalle las diferentes funciones involucradas en el mantenimiento de una base de datos y sus responsabilidades específicas.

En los capítulos anteriores, hemos podido estudiar los diferentes roles que existen en la ciencia de datos, especialmente en el tema introductorio de este libro. En esta sección, analizaremos las funciones relacionadas con el mantenimiento de una base de datos y su impacto.

3.1 Administrador de base de datos (DBA)

El administrador de bases de datos, a menudo denominado por el acrónimo DBA (*Database Administrator*), es una de las figuras clave en el mantenimiento de una base de datos. El DBA es responsable de la gestión diaria de la base de datos y de su rendimiento general. Sus principales responsabilidades incluyen las siguientes.

Instalación y configuración

El DBA es responsable de instalar el sistema de gestión de bases de datos (SGBD) en los servidores adecuados. También configura los ajustes del SGBD, en función de las necesidades de la empresa.

Supervisión y optimización del rendimiento

La supervisión continua del rendimiento de la base de datos es esencial. El administrador de la base de datos utiliza una variedad de herramientas para identificar y resolver problemas de rendimiento, lo que garantiza que la base de datos funcione de manera óptima.

Gestión de la seguridad

La seguridad de los datos es una preocupación importante. El DBA implementa políticas de seguridad, asigna permisos a los usuarios y garantiza que los datos confidenciales estén protegidos contra el acceso no autorizado.

Copia de seguridad y recuperación

El administrador de la base de datos planifica e implementa estrategias de copia de seguridad periódicas, para garantizar la disponibilidad de los datos en caso de error o desastre. También es responsable de restaurar los datos cuando sea necesario.

Actualización y evolución

Cuando hay nuevas versiones del SGDB disponibles o cuando cambian las necesidades empresariales, el administrador de la base de datos es responsable de garantizar que se mantenga actualizado y se escale sin problemas.

3.2 Desarrollador de bases de datos

El desarrollador de bases de datos es responsable de crear, mantener y optimizar las consultas y los procedimientos almacenados. Las principales responsabilidades del desarrollo de bases de datos dentro del sus funciones relativas al mantenimiento, incluyen las siguientes tareas.

Adaptación de la estructura

El desarrollador de la base de datos debe tener en cuenta los cambios en el modelo de base de datos, para adaptar el código cuando éste cambie.

Desarrollo de consultas

El desarrollador de bases de datos escribe consultas SQL para recuperar, actualizar y eliminar datos. Se debe asegurar de que estas consultas sean eficaces y estén optimizadas para el rendimiento.

Actualización de procedimientos almacenados

Los procedimientos almacenados son elementos esenciales de la lógica de negocios integrada en la base de datos. El desarrollador de bases de datos las crea, las prueba y las optimiza para satisfacer las necesidades de la empresa.

Mantenimiento de la integridad de los datos

El desarrollador de la base de datos se debe asegurar de que cualquier cambio que se pueda producir como resultado de la evolución de una base de datos, no comprometa la integridad de los datos. Para ello, es posible que el desarrollador de la base de datos tenga que actualizar los procedimientos integrados en la base de datos para reflejar estos cambios.

3.3 Analista de datos

El analista de datos desempeña un papel crucial en el mantenimiento de una base de datos, al proporcionar información procesable a partir de los datos almacenados. Sus responsabilidades en el contexto del mantenimiento son las siguientes:

Evolución de la analítica de datos

El analista de datos explora los datos para identificar tendencias, patrones e información que sean valiosos para el negocio. Debido a que los datos evolucionan con el tiempo, la forma en que se consultan estos datos, así como el tipo de indicadores utilizados para el análisis de datos, también cambia. Por lo tanto, el analista de datos se debe asegurar de adaptarse a estos cambios.

Creación de nuevos informes

El analista de datos debe crear nuevos informes cuando sea necesario para la organización, al tiempo que se asegura de que los informes actuales se siguen pudiendo utilizables cuando se realicen cambios en la base de datos, ya sean funcionales o técnicos.

3.4 Ingeniero de seguridad de datos

La seguridad de los datos es de suma importancia, especialmente en un entorno en el que las amenazas cibernéticas son omnipresentes. El ingeniero de seguridad de datos es responsable de proteger los datos de amenazas y violaciones. Sus principales tareas son las siguientes.

Gestión de vulnerabilidades

Identifica y corrige posibles vulnerabilidades en la base de datos para evitar el acceso no autorizado.

Monitorización de la seguridad

El ingeniero de seguridad supervisa continuamente los registros de seguridad en busca de actividades sospechosas y responde rápidamente en caso de incidente.

Conformidad

Garantiza que la base de datos cumpla con la normativa de protección de datos, como el RGPD.

Observación

RGPD se refiere a la legislación que regula la protección y el procesamiento de datos personales en un país específico, estableciendo los derechos y obligaciones de las organizaciones y personas que procesan esos datos.

3.5 Responsable de gestión de datos

El responsable de la gestión de datos es responsable de supervisar todo el proceso de gestión de datos dentro de la empresa.

Planificación estratégica de datos

Desarrolla estrategias para la gestión, protección y uso eficaz de los datos en la empresa.

Management de datos

El responsable de gestión de datos establece políticas de management de datos para garantizar la calidad, la coherencia y la disponibilidad de los datos.

Colaboración multifuncional

Trabaja en estrecha colaboración con los diferentes equipos de la empresa para garantizar que los datos se aprovechen de manera efectiva en todas las áreas.

4. PCA y PRA

4.1 ¿Qué son PRA y PCA?

En la era digital actual, las bases de datos son esenciales para gestionar los datos empresariales críticos. Sin embargo, la posibilidad de interrupciones, que van desde fallos de hardware hasta desastres naturales y ciberataques, plantea la necesidad urgente de un plan de continuidad de la actividad (PCA) y un plan de recuperación de la actividad (PRA) sólidos y eficaces.

En esta sección, exploraremos en profundidad cómo se aplican estos planes al entorno de la base de datos, asegurando la disponibilidad e integridad de los datos en situaciones de emergencia.

4.2 Plan de continuidad de la actividad (PCA) para las bases de datos

Objetivos del PCA

El plan de continuidad de la actividad (PCA), en el contexto de las bases de datos, tiene como objetivo garantizar que, en caso de una interrupción, la organización pueda mantener sus operaciones críticas sin pérdidas significativas de datos. Los objetivos clave incluyen la disponibilidad continua de los datos, la minimización del tiempo de inactividad y la protección de la integridad de los datos.

Estrategias PCA

- **Réplicas de base de datos**: la implementación de réplicas de base de datos en ubicaciones geográficamente distintas es fundamental para garantizar la disponibilidad continua. Esto ayuda a mantener las operaciones incluso en caso de una interrupción del centro de datos.

- **Equilibrio de carga *(load balancing)***: el equilibrado de carga en las bases de datos es el proceso de distribuir el uso de consultas entre los servidores de bases de datos, para evitar la sobrecarga de una sola base de datos. Esto mejora la disponibilidad y la escalabilidad.
- **Almacenamiento en la nube**: la nube ofrece una solución de copia de seguridad eficiente. El almacenamiento de copias de seguridad y réplicas de bases de datos en la nube garantiza que los datos se recuperen incluso en caso de daños físicos en la ubicación de almacenamiento.
- **Pruebas y actualizaciones de PCA**: es esencial realizar pruebas PCA periódicas. Esto incluye ejercicios de recuperación para garantizar que todas las estrategias funcionen según lo previsto. Además, es importante mantener el PCA actualizado para reflejar los cambios en la infraestructura y los requisitos comerciales. Por ejemplo, si añadimos nuevos servidores a nuestra infraestructura o creamos una nueva base de datos que tiene requisitos de disponibilidad más altos de lo previsto originalmente, nuestro PCA se deberá actualizar en consecuencia.

Observación

Un PCA que no probamos regularmente no es un PCA funcional, ya que no tenemos ninguna garantía de que podamos usarlo cuando llegue el momento.

4.3 Plan de recuperación de la actividad (PRA) para bases de datos

Definición del PRA

El plan de recuperación de la actividad o PRA, en el contexto de las bases de datos, se centra en la restauración rápida de los sistemas de bases de datos después de un desastre. Esto incluye la recuperación de datos de copias de seguridad y la reconstrucción de la infraestructura.

Creación de copias de seguridad

- **Estrategias de copia de seguridad**: PRA depende en gran medida de copias de seguridad fiables. Se deben implementar estrategias de copia de seguridad periódicas, incluidas copias de seguridad completas e incrementales, para garantizar la protección y recuperación de datos.
- **Almacenamiento seguro**: las copias de seguridad se deben almacenar en ubicaciones seguras lejos del sitio principal. Esto protege los datos de pérdidas debidas a desastres locales, como incendios o inundaciones.

Proceso de recuperación

- **Restauración de bases de datos**: en caso de desastre, es esencial restaurar las bases de datos a partir de copias de seguridad. Se debe seguir un proceso cuidadoso para garantizar la integridad de los datos recuperados.
- **Reconstrucción de la infraestructura**: además de los datos, es necesario reconstruir la infraestructura de la base de datos. Esto implica configurar servidores, redes y sistemas de almacenamiento.

Pruebas y mantenimiento del PRA

Las pruebas periódicas del PRA son esenciales para garantizar procedimientos de recuperación efectivos. Además, el mantenimiento regular de las copias de seguridad y de la infraestructura de copias de seguridad garantiza que estén listas para su uso en tiempos de crisis.

Integración de PCAs y PRAs

- **Coordinación entre el PCA y el PRA**: una estrategia eficaz implica una estrecha coordinación entre el PCA y la PRA. Esto garantiza que la infraestructura de apoyo utilizada en situaciones de PCA también sea una parte integral del AIP.
- **Reducción de riesgos**: la combinación de PCA y PRA reduce significativamente el riesgo comercial, al garantizar la continuidad operativa y la recuperación de datos ante cualquier situación adversa.

4.4 Conclusión

Gestionar bases de datos en un mundo lleno de incertidumbre, es un reto constante. La implementación de planes de continuidad de la actividad (PCA) sólido y de recuperación de la actividad (PRA) eficaces, es fundamental para proteger la integridad y la disponibilidad de los datos críticos. Al adoptar estrategias de replicación, copias de seguridad y pruebas periódicas, las organizaciones pueden estar preparadas para cualquier obstáculo, manteniendo su negocio funcionando sin problemas y protegiendo sus activos de datos más valiosos.

5. Instalación de parches y correcciones

Las bases de datos se deben actualizar constantemente para garantizar su funcionamiento. Dado que un coche no funciona de la misma manera cuando lo compra que cuando lo ha conducido durante unos años, las bases de datos también requieren mantenimiento y sufren de obsolescencia.

La gestión de parches y correcciones de bases de datos es ahora un aspecto esencial de la administración de los sistemas de información. Los errores de seguridad y las vulnerabilidades pueden exponer datos confidenciales y poner en riesgo la integridad de la información.

En esta sección, veremos cómo manejar la instalación de parches y correcciones para una base de datos, con todo lo que eso conlleva.

Observación

Un parche es una actualización del sistema, como un parche de seguridad, y una corrección se debe a la aparición de un error (bug).

5.1 Fundamentos de los parches y correcciones en las bases de datos

En el ámbito de la gestión de bases de datos, la seguridad y la integridad de la información son esenciales. Los parches y correcciones juegan un papel importante en la preservación de estas dos cualidades importantes. En esta sección, profundizaremos en los conceptos básicos de los parches y correcciones de bases de datos, entendiendo qué significan y por qué son importantes.

Los parches son actualizaciones de software diseñadas específicamente para abordar problemas conocidos y posibles brechas de seguridad. Estos problemas pueden incluir errores de programación, vulnerabilidades identificadas por investigadores de seguridad o problemas de rendimiento. Los parches pueden ser publicados por el proveedor del sistema de gestión de bases de datos (SGBD), como Oracle, Microsoft SQL Server o MySQL, en respuesta a la evolución del software y los resultados de seguridad.

La importancia de los parches radica en su capacidad para cerrar las puertas a las amenazas cibernéticas. A medida que los SGBD evolucionan y se actualizan, también lo hacen las técnicas y herramientas utilizadas por los ciberdelincuentes. Los parches actúan como una línea crítica de defensa al garantizar que las vulnerabilidades conocidas se corrijan de manera oportuna. Omitir la aplicación de parches puede tener consecuencias, como hacer que la base de datos sea vulnerable a ataques que explotan estas vulnerabilidades conocidas.

Por otro lado, las correcciones se refieren a mejoras y ajustes en el funcionamiento general de la base de datos. Estos no están necesariamente relacionados con problemas de seguridad críticos, pero a menudo mejoran la estabilidad, eficiencia y facilidad de uso del SGBD. Los parches pueden solucionar problemas como la optimización del rendimiento de las consultas, la corrección de errores menores o la mejora de la escalabilidad del sistema.

Observación

La necesidad de correcciones puede surgir de la experiencia del usuario y de las demandas cambiantes del sistema. Al igual que los parches, el proveedor de SGBD también proporciona correcciones en forma de actualizaciones. Aunque no son tan urgentes como los parches de seguridad, los parches siguen siendo cruciales para mantener un SGBD en sus mejores condiciones y evitar problemas futuros.

La gestión eficaz de parches y correcciones requiere un enfoque proactivo y planificado. Los administradores de bases de datos deben estar constantemente informados de las actualizaciones proporcionadas por su proveedor de SGBD. Esto incluye suscribirse a boletines de seguridad y mantenerse informado sobre las vulnerabilidades y los parches disponibles. Al evaluar la necesidad de parches y correcciones, es importante tener en cuenta el impacto potencial en la base de datos y su entorno. Algunas actualizaciones pueden requerir cambios significativos en la configuración o afectar a la compatibilidad con las aplicaciones existentes.

Además, es fundamental llevar un registro detallado de las actualizaciones aplicadas y de las pruebas realizadas. Esto facilita la restauración en caso de problemas inesperados y garantiza una gestión eficiente de las actualizaciones en el futuro. La planificación adecuada de los parches y la implementación de parches también es esencial para minimizar el impacto en la disponibilidad de la base de datos y garantizar una transición sin problemas.

5.2 Identificación de vulnerabilidades y necesidades de parches

La identificación de vulnerabilidades y la determinación de la necesidad de parchear una base de datos son pasos cruciales en la gestión de la seguridad y el mantenimiento adecuado de los sistemas de información críticos. Este proceso, a menudo denominado gestión de vulnerabilidades, es la piedra angular de cualquier estrategia de ciberseguridad eficaz. Una comprensión profunda de las posibles vulnerabilidades y sus posibles impactos, es esencial para proteger los activos digitales y garantizar la continuidad de la actividad. En esta sección, exploraremos en detalle cómo podemos abordar esta tarea crítica.

La identificación de vulnerabilidades comienza con la recopilación de información. Los administradores deben conocer las fuentes de información que proporcionan actualizaciones sobre las vulnerabilidades del sistema de administración de bases de datos (SGBD). Estas fuentes pueden incluir boletines de seguridad emitidos por el proveedor de SGBD, organizaciones de seguridad acreditadas, investigadores independientes y comunidades en línea, que se especializan en seguridad informática. Mantenerse suscrito a estas fuentes de información y recibir notificaciones inmediatas sobre nuevas vulnerabilidades es una práctica recomendable.

Además de las fuentes de información, es crucial llevar a cabo auditorías internas de seguridad. Esto implica realizar evaluaciones periódicas de la infraestructura de la base de datos y sus componentes, en busca de debilidades y vulnerabilidades conocidas. Las auditorías pueden incluir análisis de configuración, evaluaciones de permisos, pruebas de penetración y análisis de vulnerabilidades automatizados. La combinación de información externa y auditorías internas proporciona una visión integral de las amenazas.

Una vez que se ha recopilado la información sobre las vulnerabilidades, es esencial evaluar su gravedad e idoneidad para la infraestructura de la base de datos en cuestión. No todas las vulnerabilidades tienen el mismo impacto y es fundamental priorizar qué parches aplicar primero. Los administradores deben tener en cuenta factores como la criticidad de la base de datos, el nivel de acceso a los datos, la exposición a amenazas externas e internas y la disponibilidad de vulnerabilidades públicas.

La gestión de vulnerabilidades es un proceso continuo y dinámico. Las amenazas y vulnerabilidades están en constante evolución, por lo que es necesario mantenerse al día con las actualizaciones y ajustar las políticas de parches en consecuencia. Esto incluye la revisión periódica de la política de aplicación de parches y la adaptación a las necesidades y riesgos de seguridad cambiantes.

Es importante tener en cuenta que, si bien la aplicación de parches es esencial, no siempre es inmediata. En entornos comerciales de misión crítica, las pruebas de parches rigurosas en un entorno de desarrollo o prueba son un paso esencial antes de implementar cambios en producción. Esto garantiza que la instalación de un parche no cause problemas inesperados, como conflictos con aplicaciones personalizadas o cambios en el rendimiento de la base de datos.

Observación

Identificar vulnerabilidades y determinar la necesidad de parches son tareas que se deben realizar de manera precisa y profesional. Una mala gestión de este proceso puede exponer una base de datos a amenazas y poner en riesgo la integridad de los datos. Como resultado, los administradores de bases de datos deben invertir tiempo y recursos en el desarrollo de las habilidades necesarias para identificar y abordar eficazmente las vulnerabilidades.

En resumen, la identificación de vulnerabilidades y la evaluación de la necesidad de parches. son pasos críticos en la gestión de la seguridad de las bases de datos. Esto incluye mantenerse informado a través de fuentes de información relevantes, realizar auditorías de seguridad internas, priorizar los parches en función de la gravedad y la relevancia, y realizar las pruebas adecuadas antes de implementarlos en producción. La gestión de vulnerabilidades debe ser un proceso continuo y adaptable, dado que las amenazas y debilidades están en constante evolución en el mundo de la seguridad informática.

5.3 Planificación de la implementación de parches y correcciones

La planificación de la implementación de parches y correcciones es una fase crítica de la administración de bases de datos que implica una consideración cuidadosa de los pasos que se deben realizar antes de aplicar cambios significativos en un entorno de producción. Los parches y correcciones incorrectos pueden provocar una serie de problemas, desde interrupciones no planificadas hasta pérdida de datos. Por lo tanto, este proceso se debe llevar a cabo de manera metódica y estratégica. En esta sección, exploraremos los aspectos esenciales de la planificación de la aplicación de parches y la implementación de parches en el contexto de la gestión de bases de datos.

Evaluación de la importancia de los parches y las correcciones

El primer paso en la planificación de la implementación de parches y modificaciones es evaluar la importancia de los parches y correcciones disponibles. No todos los parches y correcciones son iguales y algunos pueden tener un mayor impacto en la seguridad, el rendimiento o la funcionalidad de la base de datos que otros. Es importante contar con un proceso de evaluación sólido que tenga en cuenta factores como si el parche o la corrección es crítica, si es relevante para la infraestructura de base de datos específica y si existen amenazas activas que podrían explotar la vulnerabilidad.

Es esencial priorizar los parches y correcciones, ya que no todos los parches y correcciones se pueden aplicar al mismo tiempo. Las organizaciones deben establecer criterios claros sobre qué parches y correcciones se aplicarán primero y cuáles pueden esperar. Esto garantiza que los recursos se asignen de manera eficiente y que las amenazas más críticas se aborden de manera oportuna.

Creación de un plan de implementación

Una vez que se ha evaluado la importancia de los parches y las correcciones, es hora de crear un plan de implementación. Este plan debe ser exhaustivo y detallado, abordando lo siguiente:

- **Planificación**: es fundamental determinar el momento adecuado para implementar parches y correcciones. Lo ideal es que esto se haga durante los períodos de baja actividad, para minimizar el impacto en los usuarios finales. La planificación también debe tener en cuenta las regulaciones o políticas internas que puedan requerir cambios fuera del horario comercial normal.
- **Copia de seguridad de datos**: antes de aplicar un parche o corrección, se deben realizar copias de seguridad completas de la base de datos y su configuración. Esto garantiza que, si hay algún problema durante la implementación, los datos se puedan restaurar a su estado anterior.
- **Documentación**: es esencial mantener un registro detallado. Cada paso del proceso de implementación de parches y correcciones se debe documentar, incluidos los parches y correcciones que se aplicaron, cuándo, quién fue responsable de ellos y cualquier problema o anomalía que ocurrió.
- **Pruebas en un entorno de desarrollo**: antes de implementar parches y correcciones en un entorno de producción, se recomienda realizar pruebas exhaustivas en un entorno de desarrollo o prueba. Esto ayuda a identificar posibles conflictos con aplicaciones personalizadas, problemas de compatibilidad o cambios inesperados en el rendimiento.
- **Comunicación con las partes interesadas**: una comunicación efectiva es otro aspecto crítico de la planificación de las implementaciones de parches y correcciones. Las partes interesadas, que pueden incluir usuarios finales, equipos de desarrollo, equipos de seguridad y alta dirección, deben ser informadas de los cambios planificados. Esto les permite prepararse para cualquier posible interrupción y garantizar una transición más fluida.

  La comunicación debe incluir detalles sobre el cronograma de implementación, los impactos previstos en la disponibilidad de la base de datos y las medidas de contingencia en caso de problemas inesperados. Cuanto más clara y anticipada sea la comunicación, menos sorpresas desagradables habrá.

- **Implementación**: una vez que se ha creado el plan de implementación y se ha comunicado a las partes interesadas, es hora de implementar parches y correcciones. Esto puede implicar detener temporalmente los servicios de base de datos para aplicar parches y correcciones y, a continuación, reiniciarlos. Durante este proceso, se deben seguir estrictamente los pasos documentados en el plan de implementación.
- **Pruebas exhaustivas para la validación**: después de aplicar parches y correcciones, se deben realizar pruebas exhaustivas para validar que la base de datos funciona correctamente y que los cambios no han introducido ningún problema nuevo. Esto incluye la verificación de la integridad de los datos, las pruebas de rendimiento y las pruebas de funcionalidad.
- **Control continuo**: la implementación de parches y correcciones no es el final del proceso, sino más bien un punto en un ciclo continuo de administración de bases de datos. Una vez que se implementan los parches y las correcciones, es esencial establecer un monitoreo continuo para detectar cualquier problema que pueda surgir. Las herramientas de supervisión pueden ayudarle a identificar anomalías, alertarle de posibles problemas y proporcionar datos para la optimización continua del rendimiento.

En resumen, la planificación de la implementación de parches y correcciones es una parte esencial del mantenimiento de bases de datos seguras y confiables. Esto requiere una evaluación cuidadosa de la importancia de los parches y correcciones, la creación de un plan detallado, una comunicación efectiva con las partes interesadas, una implementación metódica y una validación exhaustiva. La supervisión continua garantiza que los cambios introducidos por los parches y las correcciones se mantengan y que se puedan resolver los problemas persistentes. La gestión adecuada de este proceso contribuye significativamente a la seguridad y el rendimiento de la base de datos.

6. Copias de seguridad y restauraciones

La gestión de bases de datos es un aspecto esencial de cualquier negocio y uno de los pilares fundamentales de esta gestión, es la seguridad de los datos. En este contexto, la copia de seguridad y la recuperación de datos juegan un papel crucial. Estos procesos no solo respaldan la continuidad de la actividad, sino que también protegen contra la pérdida catastrófica de datos. En esta sección, exploraremos en profundidad el tema de la copia de seguridad y recuperación de datos en el contexto de la gestión de bases de datos.

Importancia de las copias de seguridad

Las copias de seguridad son esenciales para garantizar la integridad y disponibilidad de los datos en una base de datos. Su importancia radica en varios aspectos clave:

- **Protección contra la pérdida de datos**: los fallos de hardware, los errores humanos, los ciberataques y otros imprevistos pueden provocar la pérdida de datos críticos. Las copias de seguridad actúan como un seguro, lo que permite recuperar los datos en caso de pérdida.
- **Continuidad de la actividad**: en el mundo empresarial actual, la disponibilidad continua de los datos es fundamental. Las copias de seguridad garantizan que una organización pueda seguir operando incluso después de eventos que podrían haber interrumpido gravemente sus operaciones.
- **Cumplimiento normativo**: muchas regulaciones y estándares requieren la implementación de estrategias de copia de seguridad y conservación de datos. Esto es especialmente importante en industrias altamente reguladas como la atención médica y las finanzas.
- **Recuperación de la actividad**: en caso de desastres naturales, incendios u otros eventos catastróficos que podrían destruir equipos y sistemas, las copias de seguridad son fundamentales para la recuperación de datos y la reconstrucción del sistema.

Estrategias de copia de seguridad

La implementación de estrategias de copia de seguridad efectivas es esencial para aprovechar al máximo este proceso. Existen varias técnicas y enfoques, que los administradores de bases de datos pueden tener en cuenta:

- **Copias de seguridad completas**: la ventaja de esta copia de seguridad es que es más fácil de implementar y es autónoma. Por lo tanto, con esta copia de seguridad, podemos restaurar la base de datos sin tener que utilizar copias de seguridad incrementales.
- **Copias de seguridad incrementales**: en lugar de realizar una copia de seguridad de toda la base de datos cada vez, las copias de seguridad incrementales solo realizan copias de seguridad de los cambios realizados desde la última copia de seguridad, independientemente de si la copia de seguridad es completa, diferencial o incremental. Esto ahorra tiempo y espacio de almacenamiento, pero la restauración puede ser más compleja, ya que se requieren varios conjuntos de copias de seguridad para una recuperación completa.
- **Copias de seguridad diferenciales**: similar a las copias de seguridad incrementales, pero estas copias de seguridad conservan los cambios desde la última copia de seguridad completa, que no se produjeron en las copias de seguridad incrementales. Esto puede acelerar la restauración, pero puede requerir más espacio de almacenamiento que las copias de seguridad incrementales.
- **Copias de seguridad locales y en la nube**: mantener copias de seguridad en ubicaciones geográficas separadas reduce el riesgo de pérdida de datos debido a eventos locales, como interrupciones del centro de datos o desastres naturales. La nube es una opción popular para las copias de seguridad externas.

Frecuencia de copia de seguridad

La frecuencia de las copias de seguridad se debe adaptar a las necesidades específicas de la base de datos y a la tolerancia al riesgo de la organización. Algunas bases de datos pueden requerir copias de seguridad diarias, mientras que otras pueden requerir copias de seguridad cada hora o incluso en tiempo real. La elección de la frecuencia depende de factores como la criticidad de los datos, el número de cambios diarios y los recursos disponibles para realizar copias de seguridad.

Restauración de datos

La restauración de datos es el proceso de recuperar información de las copias de seguridad en caso de pérdida o daño. Este proceso se debe planificar y documentar cuidadosamente, ya que es una parte esencial de la gestión de bases de datos.

Estos son los pasos clave en la restauración de datos:

- **Identificación de la pérdida de datos**: en primer lugar, debemos determinar qué datos se han perdido o dañado. Esto puede requerir un análisis detallado de las circunstancias que condujeron a la pérdida de datos.
- **Selección de copia de seguridad**: se debe identificar la copia de seguridad más adecuada para la restauración. Esto implica seleccionar la copia de seguridad que contiene los datos requeridos y se encuentra en el estado deseado.
- **Restaurar copia de seguridad**: la copia de seguridad seleccionada se restaura en un entorno de producción. Esto puede implicar la reescritura de archivos de datos o la recuperación de registros específicos.
- **Pruebas y validación**: después de la restauración, es esencial realizar pruebas exhaustivas para garantizar que los datos recuperados estén en buenas condiciones y funcionen correctamente. Esto puede incluir comprobaciones de integridad y comparaciones con los datos originales, si están disponibles.
- **Comunicación**: si la pérdida de datos afecta a los usuarios o partes interesadas, la recuperación se debe comunicar sin problemas. Esto es especialmente importante si la pérdida de datos puede afectar a las operaciones empresariales.

Estrategias de retención de datos

La retención de datos es la práctica de determinar cuánto tiempo se deben conservar las copias de seguridad. Esto es importante para cumplir con las regulaciones, evitar la acumulación innecesaria de datos y optimizar el almacenamiento. Las estrategias de retención de datos pueden variar según el sector y la organización, pero deben estar bien documentadas y seguir las políticas establecidas.

Automatización y programación de copias de seguridad

La automatización es una herramienta valiosa en la gestión de copias de seguridad, porque garantiza que las copias de seguridad se realicen de forma regular y coherente. Los programas de copia de seguridad se pueden configurar para que se ejecuten en momentos específicos, lo que reduce la intervención humana y minimiza el riesgo de omisiones accidentales.

Pruebas de recuperación

Realizar pruebas de recuperación periódicas es esencial para garantizar copias de seguridad y recuperación de datos efectivas. Las pruebas de recuperación implican simular situaciones de pérdida de datos y evaluar la capacidad del sistema para recuperar y restaurar datos según lo esperado. Cualquier problema identificado durante estas pruebas se debe resolver y corregir de inmediato.

Observación

Las copias de seguridad y la recuperación de datos son componentes esenciales para mantener bases de datos seguras y confiables. Protegen contra la pérdida de datos, garantizan la continuidad de la actividad y ayudan a cumplir con las regulaciones y estándares.

La planificación adecuada de las estrategias de copia de seguridad, la frecuencia de las copias de seguridad, la gestión de la retención de datos y la realización de pruebas de recuperación son elementos clave para una gestión eficaz de este proceso crítico.

7. Control de versiones de bases de datos

El control de versiones de bases de datos es un aspecto esencial en las organizaciones. A medida que las organizaciones acumulan grandes volúmenes de información y dependen cada vez más de sus bases de datos para las operaciones y la toma de decisiones, es esencial implementar un sistema de control de versiones eficaz. En esta sección se describen en detalle los conceptos, las estrategias y los procedimientos recomendados relacionados con el control de versiones de bases de datos.

7.1 Introducción a la gestión de versiones

La gestión de versiones se refiere al proceso de seguimiento y control de las diferentes iteraciones de una base de datos a lo largo del tiempo. Cada versión representa un conjunto específico de datos y esquemas que pueden cambiar debido a actualizaciones, modificaciones y ajustes. La gestión de versiones es crucial por varias razones:

- **Control de cambios**: permite un control preciso de los cambios en la base de datos, lo que facilita la identificación de quién hizo qué y cuándo.
- **Recuperación de datos**: facilita la recuperación de datos en caso de errores o pérdidas, ya que se puede volver a versiones anteriores de la base de datos.
- **Cumplimiento de la legislación**: ayuda a cumplir con los requisitos legales y reglamentarios que requieren documentar cambios y conservar datos históricos.
- **Colaboración**: facilita la colaboración entre los equipos de desarrollo, los administradores de bases de datos y otras partes interesadas al proporcionar un historial de cambios y una vista clara de las versiones.

7.2 Estrategias de administración de versiones

Existen varias estrategias de control de versiones de bases de datos y la elección de la adecuada depende de las necesidades específicas de la organización. Echemos un vistazo a algunas de las estrategias más utilizadas a continuación.

Control de versiones de bases de datos

En esta estrategia, se utilizan herramientas específicas de control de versiones de bases de datos, como Liquibase o Flyway, para controlar los cambios en el esquema y los datos. Cada cambio se guarda en un controlador de versiones y se puede aplicar de forma controlada.

Copias de seguridad periódicas

El objetivo de esta estrategia es crear copias de seguridad completas de la base de datos de forma regular en momentos específicos. Aunque la estrategia de copias de seguridad periódicas no controla cambios específicos en el esquema, proporciona un medio eficaz de recuperación de datos.

Control de versiones externo

En algunos casos, las organizaciones administran las versiones de las bases de datos mediante sistemas de control de versiones externos, como Git. Los scripts de base de datos se almacenan en un repositorio y los cambios se guardan.

Observación

Un repositorio puede ser una base de datos y, en este caso, se llamaría Repositorio de Datos. Para más información, podemos consultar el capítulo Introducción, donde se habla de este tema y de los tipos de bases de datos.

Versionado de datos

En entornos donde los datos son críticos, se puede aplicar una estrategia de versionado de datos. Cada conjunto de datos se etiqueta y registra con detalles sobre su origen y sus modificaciones, lo que permite realizar un seguimiento preciso de su evolución.

7.3 Proceso de gestión de versiones

El control de versiones de la base de datos sigue un proceso estructurado que implica varios pasos esenciales:

- **Identificación de cambios**: el primer paso es identificar los cambios que se deben realizar en la base de datos, ya sean cambios de esquema, ajustes de rendimiento o actualizaciones de datos.
- **Registro de cambios**: cada cambio se debe registrar en un sistema de seguimiento de cambios, incluidos detalles sobre cuál fue el cambio, quién lo realizó y cuándo.
- **Pruebas**: antes de aplicar cambios a la base de datos en producción, es esencial realizar pruebas exhaustivas en un entorno de desarrollo o prueba para asegurarse de que no hay efectos secundarios no deseados.
- **Despliegue controlado**: una vez que los cambios se han probado con éxito, se pueden desplegar en la base de datos de producción de manera controlada y bien planificada.

Observación

Cada versión de la base de datos debe ir acompañada de documentación que explique los cambios realizados y cómo afectan a la estructura y a los datos.

7.4 Herramientas de gestión de versiones

La elección de las herramientas adecuadas es esencial para una gestión eficaz de las versiones. Mencionemos algunas herramientas populares.

Liquibase

Liquibase es una herramienta de código abierto que facilita la gestión de las versiones de las bases de datos mediante la definición de cambios en archivos XML o SQL y el control de su aplicación.

Flyway

Flyway es otra herramienta de código abierto que sigue un enfoque basado en scripts SQL para la gestión de versiones de bases de datos.

Git

Las plataformas de control de versiones como Git se pueden utilizar para realizar un seguimiento de los cambios en los scripts de la base de datos y proporcionar un historial completo de los cambios.

Observación

La gestión de versiones de bases de datos no está exento de desafíos. La coordinación entre los equipos de desarrollo, los administradores de bases de datos y otras partes interesadas, es esencial para evitar conflictos en los cambios y garantizar la integridad de la base de datos.

8. Entornos de prueba, preproducción y formación

En el diseño de bases de datos, los entornos de prueba, preproducción y entrenamiento son fundamentales para garantizar la estabilidad, el rendimiento y la fiabilidad del sistema. Estos entornos son como laboratorios virtuales donde los administradores de bases de datos pueden probar actualizaciones, configuraciones y nuevas características, sin afectar a los datos en producción. Aquí, exploramos la importancia de estos entornos y las mejores prácticas para su gestión efectiva.

8.1 Entorno de prueba

Los entornos de prueba replican el entorno de producción para las pruebas sin regresión, las actualizaciones de software y las pruebas de carga.

Estos son algunos ejemplos de cómo usar un entorno de prueba:

- **Validación de las modificaciones**: antes de implementar cambios en producción, se prueban en el entorno de prueba para evitar errores o fallos inesperados.
- **Simulación de carga**: se pueden simular cargas de trabajo pesadas para evaluar cómo reaccionará la base de datos en producción.

8.2 Entorno de preproducción

Los entornos de preproducción son similares a los entornos de producción y se utilizan para las confirmaciones finales, antes de que se implementen los cambios en tiempo real.

Estos son algunos ejemplos de cómo usar un entorno de ensayo:

- **Validación final**: en esta fase, verificamos que todas las configuraciones y cambios se hayan transferido con éxito desde el entorno de prueba.
- **Pruebas de actualización**: las actualizaciones de la base de datos se prueban antes de aplicarlas en producción.

8.3 Entorno de formación

Los entornos de formación están diseñados para la formación del personal. Estos son algunos ejemplos de cómo utilizar un entorno de formación:

- **Aprendizaje seguro**: los nuevos miembros del equipo se pueden formar sin riesgo de afectar a los datos de producción.
- **Experimentación**: las nuevas funciones y metodologías de gestión de bases de datos se pueden probar de forma segura.

8.4 Prácticas recomendadas para la administración de entornos

A continuación, se muestra una lista de aspectos que se deben tener en cuenta para administrar mejor los diferentes entornos de bases de datos:

- **Aislamiento**: debemos asegurarnos de que los entornos de prueba, preproducción y producción no puedan acceder entre sí para evitar interferencias y problemas de seguridad.
- **Realismo**: los entornos de prueba y ensayo deben estar lo más cerca posible de la producción en términos de hardware, software, datos y configuraciones.
- **Automatización**: la automatización acelera las implementaciones, las pruebas y la gestión del entorno, minimizando el error humano.
- **Planificación de recursos**: anticipar las necesidades de recursos en diferentes entornos, le permite planificar adecuadamente la evolución de las necesidades de recursos.
- **Políticas de gestión**: una buena estrategia es establecer claramente las líneas a seguir para la duración del período de conservación de datos, el acceso, la seguridad y el control de versiones en cada entorno.
- **Seguimiento de incidentes**: una buena práctica para realizar un seguimiento adecuado de las incidencias, sería poner en producción un sistema de seguimiento que nos permitiera almacenar estadísticas sobre los distintos problemas ocurridos en nuestra base de datos. Un ejemplo de un sistema de seguimiento podría ser Zabbix, que se utiliza mucho en el entorno empresarial.

Glosario

En este glosario se encuentran los diferentes términos definidos a lo largo del libro, enumerados en orden alfabético.

Administrador de base de datos: el administrador de base de datos (o DBA, como se le llama formalmente debido a su traducción al inglés, *Database Administrator*) tiene la responsabilidad principal de garantizar que las bases de datos que administra, así como sus sistemas de administración de bases de datos, estén en óptimas condiciones en todo momento.

Análisis de necesidades: el análisis de requisitos implica identificar los datos necesarios, su estructura, volumen y cómo interactúan entre sí. Este análisis guía la creación de un modelo conceptual de datos, que define entidades, relaciones y atributos.

Analista de datos: el rol de la ciencia de datos que tiene como objetivos la extracción de datos, la implementación de indicadores y la generación de reportes para analizar los datos de una organización.

Arquitecto de datos: este rol es responsable del diseño de bases de datos en su gama más amplia, como el modelado lógico de bases de datos, el análisis de necesidades para la configuración de una arquitectura de servidor, la creación de un marco de gestión de bases de datos y el análisis de riesgos, entre otros.

Atributo: los atributos son los detalles que queremos que tenga nuestra entidad. Cada uno de los atributos que vamos a establecer en las entidades estará compuesto por datos que queremos almacenar para una entidad específica.

Base de datos: es un sistema informático para almacenar una gran cantidad de datos relacionados y estructurados.

Base de datos transaccional: podríamos decir que la característica principal de este tipo de bases de datos es que recibe una gran cantidad de transacciones. Es decir, existe un gran número de usuarios que realizan operaciones más o menos engorrosas en relación con el uso de la base de datos.

Cardinalidad: la cardinalidad es el tipo de relación entre los atributos de dos entidades.

Clave foránea: es un atributo (o conjunto de atributos) que hace referencia a la clave principal de otra entidad.

Clave primaria: determina cuál es el índice de la entidad, de forma que el atributo (o conjunto de atributos) definido como clave primaria tendrá una serie de propiedades, de las que las principales son:

- La clave primaria es única.
- La clave primaria no acepta valores nulos.
- Una clave primaria puede estar compuesta por varios campos.

Concurrencia: garantizar que los diferentes usuarios que realizan operaciones en la base de datos al mismo tiempo, puedan realizarlas de forma segura y eficaz.

Datamart: se trata de un tipo de base de datos que, a partir de un almacén de datos o lago de datos, agrega datos relacionados con un subconjunto funcionalmente específico.

Data Lake: véase Lago de datos.

Data Warehouse: véase Almacén de datos.

DBA: véase Administrador de bases de datos.

DBO: véase Operador de base de datos.

Desarrollador de bases de datos: se trata de un desarrollador que se especializa en uno de los lenguajes de programación integrados en el motor de base de datos, como PL/SQL para Oracle.

Diagrama entidad-relación: representación gráfica que muestra entidades (tablas) y las relaciones entre ellas. Por ejemplo, en un diagrama ER, podemos mostrar cómo se relacionan las tablas Cliente y Pedido, a través de la integridad referencial.

Disponibilidad: una base de datos debe estar disponible durante el mayor tiempo posible. El tiempo de actividad del 100% no es realista, pero cuanto más nos acerquemos a ese valor, mejor será nuestra base de datos en términos de disponibilidad.

Entidad: una entidad es una cosa o persona en el mundo real. Puede ser un objeto, como un estudiante, pero también un concepto abstracto, como un título.

Almacén de datos: los almacenes de datos son bases de datos o *Data Warehouses* significativamente más grandes que las bases de datos transaccionales. Su rendimiento es inferior al de una base de datos transaccional y el número de usuarios que la utilizan es mucho menor.

ELT: ELT, que significa *Extract, Load and Transform*, nos recuerda al ETL del que hablábamos en el Data Warehouse. La diferencia es que, en el caso de un Data Lake, extraemos los datos de una fuente de datos, los insertamos en la base de datos de la que estamos hablando y luego los transformamos. Esta transformación podría consistir, por ejemplo, en la adaptación de los datos para alimentar diferentes almacenes de datos, con fines estadísticos o para cruzar datos entre diferentes fuentes.

ETL: ETL significa *Extract, Transform and Load*. Se trata de un software cuyo objetivo es extraer datos de una fuente de datos (como una base de datos transaccional en producción), realizar una serie de transformaciones sobre ella y escribir en la base de datos de destino, nuestro almacén de datos.

Formas normales: podemos definir formas normales como una forma de estandarizar nuestras bases de datos, de modo que podamos acceder a nuestra información de manera más óptima, en función de nuestros objetivos.

Búsqueda aproximada: búsquedas aproximadas, que se utilizan para buscar cadenas de texto que, en algunos casos, pueden estar incompletas.

IBM Db2: Db2 es una familia de productos de gestión de bases de datos, desarrollados por IBM. Se utiliza en una variedad de entornos comerciales y ofrece una amplia gama de funciones, incluida la gestión de datos en tiempo real y análisis avanzados.

Ingeniero de datos: el ingeniero de datos o *Data Engineer* tiene un rol más técnico dentro de la ciencia de datos. Su función está más cerca de la máquina que de los usuarios. Podemos decir que el ingeniero de datos es el responsable de poner en marcha las mejores soluciones para resolver un problema, mejorar un proyecto o encontrar las herramientas para alcanzar un objetivo de la forma más eficiente posible.

ITIL: ITIL (*Information Technology Infrastructure Library*) es una metodología que define una serie de conceptos y buenas prácticas, para mejorar la organización de una empresa y así mejorar su eficiencia.

La primera forma normal (1NF): la primera de las formas normales, que comprueba una serie de parámetros. Entre ellos, los atributos son atómicos y la tabla contiene una clave principal única.

La segunda forma normal (2NF): un buen indicador para comprobar si nuestra base de datos está en la segunda forma normal (2NF), es comprobar que cumple los requisitos de la primera forma normal (1NF) y también, que sus atributos principales dependen completamente de su clave primaria, con la que no hay dependencias parciales

La tercera forma normal (3NF): para determinar rápidamente si nuestra base de datos está en la tercera forma normal, además de verificar que ya está en la segunda forma normal, debemos asegurarnos de que no haya dependencias funcionales entre los atributos no clave.

La forma normal de Boyce-Codd (BCNF): esta forma normal es un poco más restrictiva que la tercera forma normal, sin ser considerada la cuarta forma normal. En otras palabras, se podría considerar como un punto intermedio entre la tercera y la cuarta forma normal.

La cuarta forma normal (4NF): la cuarta forma normal debe validar la tercera forma normal o la forma normal de Boyce-Codd y asegurarse de que no haya dependencias multivalor no triviales.

La quinta forma normal (5NF): la quinta y última forma normal discutida en este libro (5NF), se conoce como la forma normal de unión de proyección (PJ/NF).

Lago de datos: se trata de un tipo especial de almacén de datos en el que los datos se almacenan de forma desordenada.

LDAP: LDAP (*Lightweight Directory Access Protocol*) es un protocolo estándar que se utiliza para acceder y autenticar a los usuarios en un directorio de información, como un directorio de usuarios en una base de datos.

Microsoft SQL Server: esta es una solución de base de datos desarrollada por Microsoft y comúnmente utilizada en entornos empresariales que se ejecutan en el ecosistema de Microsoft. Ofrece una fuerte integración con otras aplicaciones de Microsoft y opciones avanzadas de seguridad y análisis.

Modelo conceptual de datos: el objetivo del modelado conceptual de datos es desarrollar un plan preliminar que podamos detallar posteriormente, con el objetivo de definir los diferentes elementos que compondrán nuestra base de datos.

Modelo dimensional: el modelo dimensional de los datos se basa en el principio de que hay diferentes dimensiones en nuestra base de datos, que debemos tener en cuenta a la hora de diseñarla o representarla. Un ejemplo de una base de datos comercial que utiliza este modelo de datos dimensional, es Oracle OLAP.

Modelo entidad-asociación: este modelo se basa en la existencia de entidades y detalla la asociación entre ellas. Es un tipo de modelado que extiende el modelo de tipo relacional, donde se le da más importancia al tipo de relación desde un punto de vista funcional.

Modelo de lógica de datos: el modelo de lógica de datos es un modelo que no es específico de un SGBD en particular y describe aspectos relacionados con las propiedades de cada entidad, sus relaciones, propiedades y atributos.

Modelo jerárquico de datos: el modelo jerárquico organiza los datos como si de un árbol se tratara. Hay un nodo superior llamado raíz y, a partir de este nodo, se generan diferentes ramas con elementos.

Modelo orientado a objetos: este modelo define una base de datos como si fuera una colección de objetos que, a su vez, tienen elementos reutilizables y métodos asociados.

Modelo de datos físicos: el modelo de datos físicos es el último paso en el modelado de bases de datos. Este modelo de base de datos recibe los objetos definidos en el modelo lógico de datos y los representa como objetos de base de datos. Por ejemplo, en el caso de las bases de datos relacionales más utilizadas en la actualidad, como Oracle o Postgres, una entidad se representaría como una tabla y un atributo se representaría como una columna.

Modelo de datos relacional: este tipo de modelo de base de datos se basa en el estudio de las relaciones entre los componentes de la base de datos y permite una visualización clara de cómo se relacionan las entidades entre sí.

Modelado de bases de datos: el modelado de bases de datos es el proceso de creación de un diagrama conceptual que representa los datos y las relaciones entre ellos. Los modelos de datos, como el modelo entidad-relación (ER), son ampliamente utilizados para esta etapa.

MongoDB: un motor de base de datos NoSQL, utilizado para almacenar datos no estructurados o semiestructurados. Destaca por su flexibilidad y escalabilidad, siendo especialmente adecuado para aplicaciones que gestionan datos de tipo documento.

MySQL: se trata de un SGBD de código abierto muy utilizado, que destaca por su rendimiento y escalabilidad. Es una opción popular para aplicaciones web y comerciales y es conocida por su facilidad de uso y compatibilidad con muchos lenguajes de programación.

Normalización: la normalización tiene como objetivo minimizar la redundancia de datos organizándolos de manera eficiente. Esto ahorra espacio de almacenamiento y garantiza la coherencia de los datos.

NoSQL: NoSQL busca romper con el estándar que SQL establecía anteriormente y ofrece una alternativa que funciona mejor para casos específicos. Sin embargo, esta no es una elección que se deba tomar a la ligera ya que, para la mayoría de las necesidades, SQL sigue siendo la primera opción.

NULL: NULL es un dato desconocido, es un valor que aún no se ha introducido. Cualquier tipo de datos, a menos que se especifique lo contrario en la definición de la tabla, puede ser NULL.

Operador de base de datos: el operador de base de datos (DBO o *Database Operator*) se puede considerar como un asistente del administrador de la base de datos. Es responsable de ejecutar procesos, ejecutar tareas programadas y realizar ciertas operaciones de mantenimiento.

Oracle Database: Oracle Database es un SGBD líder en el mercado, utilizado en empresas y organizaciones de todo el mundo. Ofrece una amplia gama de funciones, como la gestión de grandes volúmenes de datos, la alta disponibilidad y la seguridad avanzada.

Rendimiento: el objetivo es que las transacciones realizadas por los usuarios se completen lo más rápido posible.

PCA: el plan de continuidad de la actividad o PCA, en el contexto de las bases de datos, tiene como objetivo garantizar que, en caso de una interrupción, la organización pueda mantener sus operaciones críticas sin una pérdida significativa de datos. Los objetivos clave incluyen la disponibilidad continua de los datos, la minimización del tiempo de inactividad y la protección de la integridad de los datos.

PostgreSQL: se trata de un SGBD de código abierto conocido por su robustez y capacidad para manejar datos geoespaciales y de gran volumen. Es apreciado por su comunidad activa y su apoyo a los estándares SQL avanzados.

PRA: el plan de recuperación ante desastres o PRA, en el contexto de las bases de datos, se centra en la recuperación rápida de los sistemas de bases de datos después de un desastre. Esto incluye la recuperación de datos de copias de seguridad y la reconstrucción de la infraestructura.

Relación: así es como definimos una dependencia entre dos elementos de la base de datos, normalmente mediante el uso de una clave primaria y una clave foránea.

Esquema: un esquema es una estructura lógica que agrupa todos los objetos propiedad de un usuario.

Científico de datos: es una mezcla entre arquitecto de datos, ingeniero de datos y análisis de datos.

SGBD: un sistema de gestión de bases de datos (SGBD) se encarga de la gestión de datos, el motor que permite a los usuarios acceder a los datos de la base de datos.

SQL: o *Structured Query Language*, es un lenguaje de consulta muy utilizado cuando trabajamos con bases de datos. Existen algunas variaciones entre las diferentes implementaciones y versiones de los sistemas de gestión de bases de datos (SGBD).

Tabla: una tabla es una estructura lógica que contiene registros. En el caso de las bases de datos de referencia, estas tablas tienen relaciones entre sí.

Pruebas de disponibilidad: las pruebas de disponibilidad son esenciales para garantizar que una base de datos esté siempre accesible para los usuarios.

Pruebas de rendimiento: el objetivo de las pruebas de rendimiento es comprobar que la base de datos responde correctamente cuando un gran número de usuarios la utilizan.

Pruebas de calidad de datos: las pruebas de calidad de datos se utilizan principalmente para garantizar que los datos almacenados en una base de datos sean precisos, coherentes y fiables.

Transacción: una transacción es una operación de base de datos o un conjunto de operaciones de base de datos, realizadas por el mismo usuario. Por ejemplo, un usuario que realiza una transferencia bancaria implica una transacción en la base de datos del banco, en la que se realiza una consulta a la base de datos (SELECT), un cambio (UPDATE) y una llamada a un proceso externo para enviar el dinero a la cuenta bancaria de destino.

Usuario: un usuario define el nombre, la contraseña y los privilegios con los que se puede establecer una conexión con la base de datos.

B

C

D

E

F

G

I

J

L

M

N

O

P

R

S

T

U

V